V&R

Jo Eckardt

Kinder und Trauma

Was Kinder brauchen, die einen Unfall,
einen Todesfall, eine Katastrophe, Trennung,
Missbrauch oder Mobbing erlebt haben

Mit 2 Tabellen

2., durchgesehene Auflage

Vandenhoeck & Ruprecht

Bibliografische Information Der Deutschen Bibliothek

Die Deutsche Bibliothek verzeichnet diese Publikation in der
Deutschen Nationalbibliografie; detaillierte bibliografische Daten
sind im Internet über <http://dnb.ddb.de> abrufbar.

ISBN 978-3-525-46225-6
ISBN 978-3-647-46225-7 (E-Book)

Umschlagabbildung:
Helen Dahm, *Traum*, ca. 1935, Öl auf Hartfaserplatte, 62,5 x 45,5 cm.

© 2013, 2005, Vandenhoeck & Ruprecht GmbH & Co. KG, Göttingen /
Vandenhoeck & Ruprecht LLC, Bristol, CT, U.S.A.
www.v-r.de
Alle Rechte vorbehalten. Das Werk und seine Teile sind urheberrechtlich
geschützt. Jede Verwertung in anderen als den gesetzlich zugelassenen
Fällen bedarf der vorherigen schriftlichen Einwilligung des Verlages.
Printed in Germany.
Satz: Text & Form, Garbsen.
Druck und Bindearbeiten: Hubert & Co., Göttingen

Gedruckt auf alterungsbeständigem Papier.

Inhalt

Einleitung 7

1. Kind und Trauma 9
   Was ist Trauma? 9
   Typische Auswirkungen und Symptome 13
   Kinder und Trauma 19

2. Erste Hilfe 24
   Starke Helfer 25
   Was tun bei Schock? 32
   Professionelle Helfer einschalten 37

3. Verarbeitung des Traumas 39
   Gefühle zulassen 39
   Miteinander reden 42
   Rituale 48
   Kreative Bewältigungsmechanismen fördern 49
   Entspannung 53
   Spielen 69
   Karitativer Einsatz 71
   Konkrete Hilfe 73
   Selbstwertgefühl aufbauen und Stärken entwickeln 75

4. Mögliche Symptome 82
   Regression und Verleugnung 83
   Falschinterpretationen, ein verändertes Selbst- oder
   Weltbild, magische Gedanken 85

Wut, Aggression, Selbstverletzungen 90
　　Schuldgefühle und Scham 95
　　Ängste, Panik und Phobien 99
　　Intrusionen, Flashbacks, Überflutung, Albträume 107
　　Zwangshandlungen 110
　　Physische Symptome und Krankheiten 112

5. Besondere Situationen 116
　　Trennung und Scheidung 116
　　Umzug 129
　　Trauer über den Tod einer geliebten Person 133
　　Sexuelle Gewalt 138
　　Mobbing in der Schule 146
　　Opfer oder Zeuge einer Gewalttat 152

6. Das Leben geht weiter 155

7. Ausgewählte Literatur zum Thema 158

Einleitung

Wer wünscht seinen Kindern nicht eine glückliche Kindheit? Mit allem, was dazu gehört: Unbeschwertheit, Gesundheit, Liebe, Freundschaften, Vertrauen und Zuversicht. Doch leider können auch die besten Eltern ihr Kind nicht vor allen Gefahren beschützen und immer wieder passieren Dinge, die Kinder aus der Bahn werfen können. Dies kann der Tod einer geliebten Person sein, eine Missbrauchserfahrung, ein Unfall, eine Naturkatastrophe – aber auch ein Umzug, Schikanen in der Schule, die Scheidung der Eltern oder eine bevorstehende Trennung.

So unterschiedlich diese Notfälle sind, so haben sie doch eines gemeinsam: Ein Kind, das solch ein erschütterndes Erlebnis hat, spürt die Gefahr für sein eigenes Leben oder zumindest für die eigene Existenz, wie sie bisher erlebt wurde. Ein traumatisiertes Kind fühlt sich nicht sicher und kennt seinen Platz in der Welt nicht mehr. Dabei ist es unerheblich, ob die Lebensgefahr real ist, wie etwa bei einem Mordversuch oder einer Naturkatastrophe, oder ob sie nur subjektiv so empfunden wird wie etwa im Fall eines Umzugs oder einer Trennung. Das Kind erfährt existenzielle Angst, die um so traumatischer ist, je hilfloser und ausgelieferter es sich fühlt.

Wenn Ihr Kind ein schreckliches Erlebnis hatte, wollen Sie sicherlich Ihrem Kind helfen, so schnell wie möglich über dieses Ereignis hinwegzukommen und wieder das glückliche, unbeschwerte Kind zu werden, das es einmal war. Doch was genau kann man tun, um Kindern zu helfen, mit ihren Ängsten und Erfahrungen fertig zu werden? Dieses Buch will Ihnen helfen, Ihr Kind zu verstehen und ihm die Hilfe zu geben, die es braucht, um sein Vertrauen in sich selbst und die Welt zurückzugewinnen.

Obwohl sich dieses Buch in erster Linie an Eltern richtet beziehungsweise an die Personen, die für das Kind sorgen, sind die Vorschläge natürlich auch gültig für Großeltern, Erzieher oder andere dem Kind nahe stehende Personen. Ich gehe an geeigneter Stelle immer wieder auf die unterschiedlichen Bedürfnisse verschiedener Altersgruppen ein, bemühe mich jedoch insgesamt, grundlegende Erklärungen und Ratschläge zu geben, die für alle Kinder – von Kleinkindern bis hin zu Jugendlichen – gelten.

1. Kind und Trauma

Was ist Trauma?

Ein traumatisches Erlebnis wird als Einschnitt erlebt, der das bisherige Leben nachhaltig negativ verändert. Es ist mit den vorherigen Lebenserfahrungen nicht vereinbar und verunsichert die Betroffenen zutiefst. Die zur Verfügung stehenden Bewältigungsmechanismen sind der Aufgabe nicht gewachsen. Es gibt sowohl plötzliche Traumata (Typ I) als auch solche, die sich über einen längeren Zeitraum erstrecken (Typ II).

Trauma-Typ I

Bei kurzen, traumatischen Erlebnissen (Trauma-Typ I) herrscht die momentane Angst vor, das eigene Leben stehe auf dem Spiel. Dies ist zum Beispiel der Fall, wenn ein Kind Zeuge eines Unfalls wird oder den Tod eines Elternteils miterlebt. Die plötzliche Erfahrung, dass sich das wohl meinende Schicksal von einer Sekunde auf die andere gegen einen selbst wenden kann, bedroht das grundlegende Vertrauen des Kindes und somit auch das Leben des Kindes selbst. Je hilfloser und ausgelieferter es sich in diesem Moment fühlt, des-to schwerwiegender können die Folgen sein.

Miriam erlebte als 6-Jährige die »Jahrhundertflut« in der Nähe von Dresden. Sie sah das Haus, in dem sie mit ihren Eltern lebte, langsam in den Fluten versinken. Ihre Eltern schafften es, einige Dinge in Koffer zu packen und mit ihr rechtzeitig das Haus zu verlassen. Sie schliefen dann mehrere Nächte bei Verwandten. Das Haus allerdings war so zerstört, dass es abgerissen werden musste. Miriam hatte große Angst während der Flucht und erlebte die Vernichtung des Hauses, all ihrer persönlichen Dinge und der gewohnten Umgebung als totale Zerstörung ihrer bisherigen Existenz. Sie leidet seither unter Nachtterror und Panikattacken.

Weil der 11-jährige Klaus ein wichtiges Handballspiel hatte, begleitete ihn die ganze Familie zur Sporthalle. Vater saß am Steuer und Mutter und Schwester waren ebenfalls dabei. Unterwegs kam der Wagen auf der nassen Fahrbahn ins Schleudern und prallte gegen eine Ampel. Der Vater erlitt so schwere Verletzungen, dass er später starb. Die Mutter überlebte mit leichten Verletzungen, die beiden Kinder waren relativ unversehrt. Seit dem Tod des Vaters ist Klaus wie verändert. Insgeheim gibt er sich die Schuld am Tod des Vaters, weil die Fahrt ja ihm gegolten hatte.

Trauma-Typ II

Daneben gibt es traumatische Erlebnisse, die über längere Zeiträume andauern oder die sich wiederholen (Trauma-Typ II). Hier verändert sich die Welt nicht von einem Moment zum anderen. Vielleicht fängt es sogar ganz »harmlos« an, doch im Lauf der Zeit verliert man auch in dieser Art des Traumas das Vertrauen in die Welt und in sich selbst. Beispiele sind Mobbing in der Schule, sexueller Missbrauch und unter Umständen auch Trennungen und Umzüge.

Die 14-jährige Carina erzählt ihrer besten Freundin, dass sie seit Jahren von ihrem Klavierlehrer sexuell missbraucht wird. Die Freundin erzählt dies ihren Eltern, die wiederum informieren Carinas Eltern. Die sind völlig schockiert, so etwas hätten sie sich nicht träumen lassen. Sie schicken Carina zu einer Psychologin, die eine schwere posttraumatische Stressbelastung mit Depression, Intrusionen und Vermeidungsverhalten feststellt.

Obwohl die existenzielle Bedrohung für Außenstehende nicht gleich ersichtlich ist, empfinden Kinder bei dieser Art von Trauma oft eine unmittelbare Gefahr für ihr Leben. Sie können sich ein Leben nach der Scheidung oder in der neuen Stadt, fern von ihren Freunden, nicht vorstellen. Mobbing oder Missbrauch können das Selbstwertgefühl so herabsetzen und zerstören, dass die Opfer sich hilflos Kräften ausgeliefert fühlen, die Macht und Kontrolle über das eigene Schicksal haben.

Daneben unterscheidet die Forschung auch, um welche Art von Trauma es sich handelt:

A. Erlebnisse, die von anderen Menschen verursacht werden (*man-made*)

Darunter fallen vor allem Gewalttaten wie beispielsweise Mord, Raub, Vergewaltigung und Missbrauch, Mobbing, Entführungen, Sadismus. Das Schreckliche an diesen Erlebnissen ist zunächst einmal der Vertrauensverlust in andere Menschen. Wir alle – und ganz besonders Kinder – sind aber so angelegt, dass wir auch unter widrigsten Umständen Anderen nicht zutrauen wollen, dass sie böse sind. Daher neigen Menschen dazu, ihre eigene Verantwortung überzubewerten und sich irgendwie selbst schuldig zu fühlen, wenn andere Menschen ihnen etwas antun. Wie wir noch sehen werden, ist das Schamgefühl, das eine schnelle und gesunde Verarbeitung des Erlebnisses beim Opfer hinterher behindert, bei dieser Art des Traumas besonders hoch. Für Betroffene eines von anderen Menschen verursachten Traumas ist die Gefahr, an einer posttraumatischen Stressbelastung zu erkranken, besonders hoch.

B. Unfälle, Naturkatastrophen und Kriege

Natürlich gehen auch Unfälle und Kriege von Menschen aus, sie unterscheiden sich jedoch von böswilligen Gewalttaten an einzelnen Menschen, indem sie ihre Opfer nicht bewusst aussuchen. (Sobald ein Kriegserlebnis jedoch ein persönliches Erlebnis wird, in dem der Angreifer zur Einzelperson wird, wäre das Trauma ein *man-made* Trauma der Kategorie A.) Die Natur diskriminiert noch viel weniger. Dennoch ist die Erfahrung, keinerlei Kontrolle über das gewaltige Geschehen der Natur zu haben, zutiefst erschütternd. Wenn mit der Katastrophen- oder Unfallerfahrung auch noch der Verlust der bisherigen Lebensumstände einhergeht – wenn also die Gesundheit zerstört, ein Angehöriger gestorben oder Haus und Wohnung vernichtet sind –, dann ist das Opfer in großer Gefahr, nach dem Erlebnis die Orientierung nicht wiederzufinden.

C. Lebensgefährliche Krankheiten

Die Diagnose einer lebensgefährlichen Krankheit ist eine ebenso große Bedrohung und wird ähnlich empfunden wie eine Naturkatastrophe. Allerdings handelt es sich nicht um ein momentanes, einmaliges Trauma, sondern um eine anhaltende Veränderung der gesamten Lebenssituation. Dazu kommt die Ungewissheit, ob alles gut ausgehen wird. Angst und Hoffnung wechseln einander ab. Ob dieser Umstand die Erfahrung leichter oder doch schwerer macht, hängt von der jeweiligen Situation ab. Auf jeden Fall ist die Diagnose einer solchen Krankheit für die Eltern oft traumatischer als für das Kind selbst!

D. Verlust eines Angehörigen, subjektive Bedrohungen

Erfahrungen, die auf den ersten Blick keine »katastrophalen« Dimensionen haben, können dennoch für das Individuum ein Trauma darstellen. So kann ein erwachsener Mensch zum Beispiel seine Kündigung als Trauma erleben. Von einem Moment auf den anderen ist nichts mehr wie es war. Kinder sind natürlich ihrer Umwelt deutlich mehr ausgeliefert als dies bei Erwachsenen der Fall ist. Sie empfinden drohende Veränderungen ihrer Familiensituation – sei es durch Tod, Scheidung oder Trennung der Eltern oder wegen eines Umzugs – daher oft als Katastrophe.

Zusammenfassend kann gesagt werden, dass das Gefühl, seines bisherigen Lebens nicht mehr sicher zu sein, charakteristisch für die Traumaerfahrung ist. Ob es sich um ein einmaliges oder um ein wiederholtes Erlebnis handelt: Nichts ist mehr, wie es vorher war. Das Vertrauen in die Welt und in die Rolle, die man in ihr spielt, ist verloren. Jetzt weiß man: Jeden Moment kann alles zu Ende sein. Die eigenen Kräfte reichen nicht aus, um das Böse und Katastrophale zu bannen.

Typische Auswirkungen und Symptome

Nach einem plötzlichen Trauma ist die erste Reaktion zunächst einmal Schock. Wie der Einzelne mit dem Schock umgeht, ist sehr unterschiedlich. Manche Menschen scheinen ganz gefasst, andere schreien und weinen, wieder andere verfallen in eine gelähmte Starre. Während sich Erwachsene oft erstaunlich effektiv erweisen – schließlich müssen bestimmte Dinge getan werden, um Schlimmeres abzuwenden, oder Formalitäten zu erledigen –, reagieren Kinder meist mit Starre, Weinen oder Regression (das heißt, sie fallen um Entwicklungsstufen zurück und verhalten sich wieder wie ein Kleinkind). Manche Kinder wachsen allerdings über sich selbst hinaus und tun in einer Notlage genau das Richtige. Doch auch diese Kinder werden später vom Schock eingeholt.

Der Schock kann einige Stunden, Tage oder auch Wochen andauern. Seien Sie darauf vorbereitet, dass Ihre Kinder während dieser Zeit nervös, fahrig, übersensibel und gereizt sind, leicht in Tränen ausbrechen, unkonzentriert, tollpatschig und vergesslich sind. Sie reden entweder sehr viel über das Erlebnis oder aber gar nicht. Jedes Kind ist anders und hat individuelle Bedürfnisse – alle verdienen Respekt! Bemerkungen wie »Jetzt nimm dich doch zusammen!« oder »Komm endlich aus deiner Ecke raus!« helfen nicht. Einfühlsames Zuhören und »Einfach-da-Sein« der Eltern schon eher. Wir werden später im Einzelnen sehen, was Sie tun können, um Ihrem Kind von Anfang an zu helfen.

Scheuen Sie sich nicht davor, gleich zu Beginn professionelle Hilfe zu holen. Wenn es Ihrem Kind hilft, dann ist es das Richtige!

Auch die Langzeitfolgen hängen von der jeweiligen Situation und von Ihrem Kind ab. Zunächst einmal muss von einer tiefen Verunsicherung ausgegangen werden. Opfer haben gelernt: Man kann sich nicht auf das wohlmeinende Schicksal, auf eine »gute« Welt, auf andere Menschen – und vielleicht noch nicht einmal auf den eigenen Körper – verlassen. Hinzu kommt eventuell auch ein Schuld- oder Schamgefühl, wie wir später noch sehen werden. Bei anhaltendem Trauma, wie etwa bei Missbrauch oder Mobbing, sinkt das Selbstwertgefühl. Mögliche Folgen sind Depressionen, Ängste, Phobien und Neurosen, die später besprochen werden.

Besonders bei wiederholten oder länger andauernden Traumata tritt zuweilen eine Veränderung der Art und Weise auf, wie Kinder die Welt wahrnehmen. Man spricht in der Psychologie von »dissoziativen« Strukturen. So gewöhnen sich beispielsweise Kinder, die sexuell missbraucht werden, an, ihre Gefühle während des Missbrauchs einzufrieren. Sie spalten die Gefühle der Verwirrtheit, Scham, Wut oder Verletztheit ab und sind sich nicht bewusst darüber, dass tief innen solche Gefühle existieren. Mit diesem »Trick« hilft ihnen die eigene Psyche zwar erst einmal bei der Bewältigung des ungeheuren Ereignisses, auf lange Sicht gesehen, fällt es den Kindern aber häufig schwer, spontane Gefühle zu empfinden. Im späteren Leben bleiben sie entweder »frigide« oder aber sie tendieren womöglich zu extremen Mitteln wie etwa Sucht, Promiskuität, schmerzhaften Selbstverletzungen, um wenigstens für Momente intensive Gefühle zu erleben.

Andere Symptome, mit denen man bei traumatisierten Kindern rechnen muss, sind: erhöhte Aggression, unsoziales Verhalten, freiwillige Isolation oder Scheu vor anderen Menschen, vermehrte Unruhe, Bettnässen, Stottern, Nägel- und Haarkauen, Selbstverletzungen, Lernstörungen, Schulangst und abfallende schulische Leistungen, Unkonzentriertheit, vermeintliche Gefühlskälte, Sadismus gegenüber Tieren und anderen Kindern, Schreckhaftigkeit und andere Auffälligkeiten. Erkrankungen und physische Unpässlichkeiten können ebenfalls psychosomatischer Natur sein und in direktem Zusammenhang mit dem Trauma stehen. Diese Symptome zeugen davon, dass das Kind leidet und sich nicht zu helfen weiß. Wichtig ist vor allem, dass Symptome als solche erkannt werden und nicht etwa als böswillige oder absichtliche Verhaltensunarten angesehen werden. Ich werde noch näher darauf eingehen, wie solchen »Hilferufen« begegnet werden kann.

Zu alledem besteht erhöhte Gefahr, dass Ihr Kind neuerliche Missgeschicke, Unfälle oder schreckliche Erlebnisse hat, frei nach dem Motto: »Ein Pech kommt selten allein.« Dies hängt einfach damit zusammen, dass Menschen unter Stress unkonzentrierter und auch anfälliger für Krankheiten sind. Vielleicht kennen Sie auch jemanden, der nach einer Besorgnis erregenden Diagnose bei der Ärztin auf dem Nachhauseweg einen Autounfall hatte. Besonders nach Gewaltverbrechen identifizieren Menschen sich häufig als »Opfer« und ziehen damit womöglich erneut Aggressoren auf sich. Seien Sie nachsichtig, solange Ihr Kind unter der posttraumatischen Belastung leidet, und fahren Sie Ihre Ansprüche herunter. Bauen Sie darauf, dass Ihr Kind die alte Sicherheit wiederfinden wird.

Einigen Traumatisierten gelingt es, nach einiger Zeit wieder »Fuß zu fassen« und neues Vertrauen zu schöpfen. Tatsächlich können Menschen auch die schrecklichsten Erlebnisse relativ »heil« überleben und trotzdem ein glückliches und erfülltes Leben führen. Das heißt nicht, dass dann alles so ist, als wäre nie etwas geschehen. Natürlich wird man die Erinnerung, die Trauer und den Schrecken nie vergessen. Wenn es aber gelingt, an dem Erlebnis zu »wachsen«, einen persönlichen Sinn zu finden und das Vertrauen in die Welt wiederzugewinnen, dann kann man sich von den schädlichen Folgen des Traumas befreien. Selbst unter KZ-Überlebenden ist die Rate derer, die ein Leben lang unter der im Folgenden beschriebenen posttraumatischen Belastungsstörung litten, nur knapp über 50 % (was trotzdem immens ist, wenn man bedenkt, dass Zeugen von Gewalt oder Naturkatastrophen nur zu ca. 5 % chronische Schäden davon tragen).

Wie schnell eine »Heilung« verläuft, hängt von den Umständen und der Persönlichkeit der Betroffenen ab. Ungefähr ein Drittel aller von Posttraumatischer Belastungsstörung (PTBS) betroffenen Patienten hat nach einem Jahr keine Symptome mehr. Warum manche Menschen besser mit einem Trauma umgehen können als andere, hat sicherlich unterschiedliche Gründe.

Faktoren, die für den Verlauf der Traumareaktion entscheidend sind:

- Bestand akute Lebensgefahr oder nicht?
- Wie lange dauerte das Trauma, war es in wenigen Sekunden vorüber oder dauerte es Jahre an?
- Wie groß war der Schaden hinterher? Sind Menschen gestorben? Wurde die Gesundheit oder Unversehrtheit eingebüßt? Gingen Wohnung oder persönliche Wertgegenstände verloren?
- Wie alt war der oder die Betroffene? Je älter wir sind, desto größer ist die Chance, dass wir das Erlebnis »relativieren« können. Vom Alter hängt auch ab, welche Bewältigungsmechanismen einem Individuum zur Verfügung stehen. Während erwachsene Menschen durch Gespräche Dinge klären können, stehen Kindern Worte oft gar nicht zur Verfügung.
- Welche Erklärung, welchen Sinn hat der oder die Betroffene dem Erlebnis gegeben? Hat er oder sie das Trauma als persönlichen Angriff erfahren?
- Wie sicher fühlte sich der oder die Betroffene vorher? War schon vorher das Selbstbewusstsein schlecht, das Vertrauen in die Welt verletzt, kein Geborgenheitsgefühl existent?
- Wie hilflos war der oder die Betroffene während des Traumas? Ein völlig »ausgelieferter« Mensch wird ein Trauma anders verarbeiten als jemand, dem es durch die Umstände vergönnt ist, aktiv etwas zu seiner »Rettung« zu tun. Dabei spielt es keine Rolle, ob die Aktivitäten tatsächlich zur Rettung beigetragen haben. Entscheidend ist, ob im Moment des Traumas die Möglichkeit bestand, etwas zu tun oder nicht.
- Welche äußeren Hilfen standen nach dem Trauma zur Verfügung? Erfuhr das Opfer gleich psychologische Betreuung oder wurde es vielleicht sogar beschuldigt? Wird das Trauma gesellschaftlich anerkannt (etwa bei einer Flut), oder ist es irgendwie »anrüchig« (sexueller Missbrauch)?

Manchmal verläuft die Traumareaktion nicht glimpflich und die Betroffenen sind für lange Zeit »gekennzeichnet«. Mediziner und Psychologen sprechen dann von einer »posttraumatischen Belastungsstörung« (PTBS – oder auch PTSD nach dem englischen Begriff »post traumatic stress disorder«).

Symptome, die bei einer posttraumatischen Belastungsstörung auftreten:

A. Intrusion
Damit ist die unerwünschte Erinnerung an das Trauma gemeint. Bilder, Gefühle, sinnliche Wahrnehmungen und »Flashbacks« drängen sich auf, obwohl man sie nicht gerufen hat. Alltägliche Handgriffe und Handlungen werden immer wieder gestört, weil sich der oder die Betroffene plötzlich wieder an das Trauma erinnert. So kann man sich auf nichts anderes konzentrieren und leidet zudem noch darunter, dass man noch nicht einmal die eigenen Gedanken »beherrschen« kann.

B. Vermeidung (*Numbing*)
Um den Erinnerungen doch noch zu entfliehen, bemühen sich viele Opfer und Überlebende, gewisse Dinge zu vermeiden. Bei Unfallopfern kann es das Auto oder die Straße sein, bei sexuellen Missbrauchsopfern die Nähe von fremden Menschen, bei Kriegszeugen werden laute Orte und Menschenansammlungen gemieden. In vielen Fällen ziehen sich die Betroffenen auch so vollständig wie möglich vom Leben selbst zurück, gehen kaum noch aus dem Haus und verschließen sich selbst den nächsten Angehörigen gegenüber.

C. Gesteigerte Wachsamkeit, Übererregung
Opfer von traumatischen Erlebnissen haben gesehen, dass sich ihre Welt von einer Sekunde auf die andere verändern kann. Obwohl niemand auf eine Katastrophe vorbereitet sein kann, fühlt man sich verantwortlich dafür, dass man nicht besser vorbereitet war.

Das soll einem nicht wieder passieren! Unbewusst oder auch ganz bewusst beobachten die Überlebenden von nun an ihre Umwelt sehr genau. Ist dort nicht ein erstes Anzeichen für Rauch und Feuer zu sehen? Warum hat der Mann dort drüben so geguckt, will er mich anfallen?

Zudem sind viele Betroffene äußerst schreckhaft. Bei kleinsten Geräuschen zucken sie schon zusammen. Dies hat auch damit zutun, dass das Gehirn Dinge zusammen abspeichert – etwa die akustische Wahrnehmung einer Explosion mit der Erinnerung an das grausige Geschehen danach –, so dass sie von nun an immer zusammen abgespult werden. Eine »Umprogrammierung« des Gehirns erfordert viel Zeit und Geduld.

Diese drei Bedingungen müssen für eine klinische Diagnose von PTSD über einen längeren Zeitraum erfüllt sein. Es gibt noch einige weitere medizinische und psychiatrische Diagnosen.

Weitere Störungen, die nach einem Trauma eintreten können:

Komplizierte Trauer: Nach dem Verlust eines Menschen oder nach einem bedeutenden Einschnitt in das bisherige Leben dauert die normale Trauer über Gebühr an. Auch Jahre nach dem Ereignis wird der Verlust erlebt, als sei er gestern gewesen.

Angst- und Panikstörungen: Dies ist der Fall, wenn außer Angst oder Panik keine Symptome der PTBS vorliegen.

Posttraumatische Somatisierungsstörung: Zwar sind nicht alle Bedingungen für eine PTBS (s. oben) erfüllt, doch der/die Betroffene leidet seit dem Trauma unter somatischen Folgen wie Kopfschmerzen, Migräne, Bauchschmerzen. Wenn das Trauma noch nicht lange zurückliegt, stellt sich die Frage nach einer Diagnose zunächst noch gar nicht. Unter Schock sind alle möglichen Reaktionen denkbar und diese sind kein zuverlässiger Hinweis darauf, wie das Kind letztlich mit der Situation fertig werden wird. Zudem sind einige Besonderheiten zu beachten, durch die sich Kinder in ihrer Reaktion auf Traumata von Erwachsenen unterscheiden.

Kinder und Trauma

Wir haben gesehen, dass Menschen die Chance haben, ein Trauma mehr oder weniger »heil« zu überstehen, wenn sie vor dem traumatischen Ereignis stabile Selbstsicherheit, Lebenserfahrung und Vertrauen in sich und die Welt besaßen. Je aktiver sie während des Traumas mit dem Geschehen umgehen konnten, desto wahrscheinlicher ist es, dass sie danach ihr Gleichgewicht wiederfinden.

Kinder haben natürlich noch sehr wenig Lebenserfahrung und haben noch nicht so oft schwierige Probleme durch Eigeninitiative lösen können. Daher haben sie wenig Zutrauen in sich als »Bewältiger« von Problemen. Sie sind von Natur aus auf die Zuwendung und Unterstützung von Erwachsenen angewiesen und so sehr viel »hilfloser« als Erwachsene. Wenn eine Familie gemeinsam eine Tragödie erlebt, so erlebt zumeist das jüngste Familienmitglied Gefühle von Hilflosigkeit, Ausgeliefertsein, Verunsicherung, Schock und Angst in besonderem Maße. Die Erwachsenen denken möglicherweise bereits an das Rote Kreuz, an mögliche Kredite zum Wiederaufbau, an Verwandte, die einspringen können, machen Pläne oder überlegen, was sie aktiv tun können, um das Schlimmste abzuwenden. Ein Kind ist der Angst des Alleingelassenwerdens ausgesetzt, ohne ihr etwas entgegensetzen zu können. (Wenn Erwachsene von der Angst vor dem Alleingelassenwerden überflutet werden, hat dies meist damit zu tun, dass »kindliche« Ängste nicht verarbeitet wurden und noch im Erwachsenenalter vorherrschen.)

Auch sind Kinder nur selten während des Traumas in der Lage, aktiv etwas zur Bewältigung der Situation zu tun. Diese Hilflosigkeit erschwert die Verarbeitung des Traumas. Wenn ein Kleinkind hilflos zuschauen musste, wie ein geliebter Mensch verletzt oder blutend auf Hilfe wartet, wird es Hilflosigkeit und Schuld, möglicherweise Scham, empfinden und – wenn es das Trauma nicht »verarbeitet« – sich auch Jahre später mit dieser Schuld herumplagen, auch wenn es dann alt genug ist, in einer ähnlichen Situation aktiv zu helfen.

Zudem fehlt Kindern die Sprache, die intellektuelle Befähigung und die Erfahrung, um nachträglich dem Trauma einen Sinn zu geben. Es ist aber gerade diese Sinngebung – die Integration des Erlebten in die eigene Geschichte – die für eine »Heilung« ausschlaggebend ist. Die traumatischen Ereignisse stellen die ganze bisherige Lebenserfahrung von Kindern in Frage: Nichts gilt mehr, nichts ist sicher, nichts kann wieder so werden, wie es war. Eine »distanzierte« Perspektive ist Kindern kaum möglich. Der »Einschnitt«, den ein Trauma für Kinder bedeuten kann, kann die gesamte weitere Entwicklung negativ beeinflussen.

Statistische Untersuchungen belegen, dass Menschen, die ein Trauma erleben, um so häufiger an einer posttraumatischen Belastungsstörung erkranken, je jünger sie sind. Man kann grundsätzlich davon ausgehen, dass Kinder im Vergleich zu Erwachsenen geringere Auslöser brauchen, um traumatisiert zu werden. Kinder, die noch nicht sprechen, haben es besonders schwer, da sie das Erlebnis überhaupt nur auf einer sinnlich-körperlichen Ebene wahrnehmen und somit nur schwer verarbeiten können.

Eine Auflistung der Faktoren, die für den Verlauf der Traumareaktion entscheidend sind, habe ich auf Seite 16 aufgeführt. Diese Faktoren erleichtern oder erschweren auch bei Kindern die Verarbeitung des Traumas. Im Folgenden finden Sie die Faktoren leicht umformuliert, um sie der kindlichen Situation anzupassen.

Faktoren, die Kindern die Verarbeitung eines Traumas erschweren:

- Hatte das Kind Angst um sein Leben?
- Dauerte das Trauma lange an beziehungsweise wiederholte es sich öfter?
- Wurde das Trauma von einem Menschen, womöglich von einer nahe stehenden Person, verursacht?
- Ist es zu jung, um das Trauma sprachlich zu beschreiben beziehungsweise intellektuell zu verstehen?
- Hatte es bereits vorher soziale Schwierigkeiten, Verhaltensstörungen, ADHS oder sehr geringes Selbstbewusstsein?

- Reagieren andere Familienangehörige auf das Trauma mit Depressionen, Hoffnungslosigkeit, Aggression oder anderen Störungen?
- Sind die vom Trauma ausgelösten Verluste unwiederbringlich (sind Menschen gestorben, die gewohnte Umgebung zerstört, Gesundheit bleibend beeinträchtigt)?
- War das Kind dem Trauma hilflos ausgeliefert, alleine, nicht in der Lage, irgendetwas zur Verbesserung der Situation zu tun?

Damit Sie aber nicht zu niedergeschlagen werden, falls Sie viele Fragen mit ja beantworten müssen, möchte ich auch einige Faktoren aufführen, die dem Kind bei der Verarbeitung des Traumas helfen können.

Faktoren, die Kindern die Verarbeitung eines Traumas erleichtern:

- Ist Ihr Kind in der Lage, einzelne Erinnerungen in Worten auszudrücken oder auch zu malen oder zu spielen?
- Wird das Trauma von der sozialen Umwelt (Familie, Schule usw.) anerkannt und ernst genommen?
- Herrscht in der Familie ein gutes Klima, getragen von Respekt, Liebe und gegenseitiger Unterstützung?
- Geben andere Familienmitglieder ein gutes Beispiel ab, indem Sie offen mit ihren Gefühlen umgehen, sich nicht vom Trauma unterkriegen lassen und sich selbst zutrauen, Lösungen für Probleme zu finden?
- Lebt das Kind jetzt wieder in Sicherheit? Ist der Gewalttäter gefasst, ist das zerstörte Haus ersetzt? Ist das Kind wieder in gewohnter Umgebung?
- Bekam das Kind während oder unmittelbar nach dem Trauma verständnisvolle Unterstützung von anderen Menschen?
- Konnte das Kind während des Traumas etwas tun, um die Situation zu verbessern (fortrennen, Hilfe holen, eine Puppe retten etc.)?
- Hat das Kind mit der »Integration« beziehungsweise der »Sinn-

gebung« begonnen? Kann es durch Optimismus, religiösen Glauben oder durch eigene Initiative dem Trauma einen Sinn abgewinnen? Versteht es, dass das Trauma eine einmalige Erfahrung war, die weder von ihm selbst verschuldet wurde noch aller Voraussicht nach wiederkehrt?

Manche Symptome lassen sich aber nicht von außen erkennen. Tatsächlich verändert der durch ein Trauma ausgelöste Stress biochemische Vorgänge im Körper (Verminderung oder auch Anstieg von verschiedenen Hormonen, darunter Cortisol, Noradrenalin und Schilddrüsenhormone), so dass sich eine Belastungsstörung empirisch nachweisen lässt. Etwas älteren Kindern könnte diese Information vielleicht dabei helfen, gewisse Veränderungen zu verstehen.

Obwohl die zwei gängigen Krankheits-Klassifikationssysteme, das ICD-10 und das DSM-IV, nicht zwischen der posttraumatischen Belastungsstörung bei Erwachsenen und Kindern unterscheiden, haben Experten inzwischen einige Besonderheiten bei Kindern und Jugendlichen festgestellt. Je jünger das Kind, desto wahrscheinlicher wirkt sich ein Trauma auf den Affekt (die Stimmung, z. B. Trauer oder Niedergeschlagenheit), auf Lebensfunktionen (z. B. Schlafstörungen, geringer Appetit) und auf das Sozialverhalten (z. B. Aggressivität oder Rückzug) aus. Typisch sind auch Bauch- und Kopfschmerzen, Ängste (vor der Dunkelheit) sowie bei älteren Kindern selbstverletzendes Verhalten (Drogenmissbrauch, Verletzungen) und Desinteresse an der Zukunft.

Mögliche Symptome bei Kindern nach einem Trauma:

- Niedergeschlagenheit, Trauer,
- Depression, Hoffnungslosigkeit,
- Schlaf- und Essstörungen, Bettnässen,
- verändertes Sozialverhalten (Rückzug, Aggressivität),
- Reizbarkeit,
- Ängste,

- Selbstschädigungen (Nägelkauen, bei Jugendlichen Promiskuität, Drogenmissbrauch, Selbstverletzungen),
- Abfall schulischer Leistungen,
- Konzentrationsschwierigkeiten, Verträumtheit (dies hat womöglich physiologische Gründe, kann aber auch Ausdruck von Dissoziation sein, also von der Abspaltung von Gefühlen und Wahrnehmungen),
- Aufmerksamkeitsstörungen (tatsächlich gibt es zunehmend Hinweise darauf, dass viele Kinder mit ADHS in früher Kindheit Traumata erlebt haben und eine entsprechend veränderte Hirnaktivität aufweisen),
- Albträume, Flashbacks, Nachtterror,
- obsessives Nachspielen der Traumasituation, ohne dass dies Linderung oder Trost bereitet,
- lustloses Spielen ganz allgemein,
- Desinteresse an Dingen, die vorher Spaß gemacht haben,
- Suizidgedanken oder -versuche.

Im 4. Kapitel (»Mögliche Symptome«) werde ich näher auf die einzelnen Symptome eingehen und darauf, was Eltern jeweils tun können, um ihren Kindern zu helfen.

Kinder haben aber nicht nur Nachteile von ihrem Alter. In gewisser Weise haben sie Erwachsenen sogar etwas voraus. Sie mögen leichter zu »erschüttern« sein, sie können aber auch relativ schnell ihr Vertrauen zurückgewinnen. Bedingung dafür ist, dass sie angemessene Unterstützung erhalten, dass ihre Gefühle erkannt und begleitet werden und dass sie in einem liebevollen Umfeld aufgefangen werden. Da die Persönlichkeitsstruktur noch nicht so gefestigt ist wie bei Erwachsenen, können möglicherweise langfristige Persönlichkeitsveränderungen abgewendet werden. Kinder können bei guter Begleitung und Unterstützung, die alle ihre eigenen Kräfte aktiviert und bei der Sinngebung hilft, trotz Trauma durchaus zu gesunden, selbstsicheren und optimistischen Erwachsenen aufwachsen.

2. Erste Hilfe

Die Verarbeitung eines Traumas braucht seine Zeit. Wenn Sie Ihrem Kind mit Verständnis, Geduld und Unterstützung zur Seite stehen, dann wird es den Weg der Heilung gehen. Überstürzen Sie daher nichts – auch wenn Sie im Moment einen großen Leidensdruck spüren. Die folgenden Phasen der Traumaverarbeitung machen deutlich, dass der Prozess der Traumaverarbeitung sich nur schrittweise vollziehen kann.

Phasen der Traumaverarbeitung:

1. Wiederherstellung der Sicherheit (dazu zählen primäre Bedürfnisse wie Wohnung, Essen, Unversehrtheit, Behandlung von Verletzungen, Wärme, Rückkehr in vertraute Umgebung etc.),
2. Wiederherstellung des Vertrauens (dazu zählen Vertrauen in andere Menschen, Vertrauen in sich selbst, ein positives Selbstbild und Selbstachtung, Vertrauen in die Welt, Verarbeitung von Gefühlen, Ängsten und Vorwürfen),
3. Integration des Traumas (dazu gehören eine gewisse Akzeptanz, dass ein Trauma geschehen ist, Trauer um das Verlorene, die Verknüpfung von Vergangenem und Aktuellem),
4. Wiedereintritt ins Leben (dazu gehören das Bewusstsein, dass nichts mehr so ist, wie es war, dass das Leben aber dennoch weitergeht, eine Festigung der bestehenden Beziehungen, die Zuversicht, dass man Probleme meistern kann und der Wille, aus dem Leben das Beste zu machen).

In diesem Buch werden Sie viele Ansätze und Vorschläge finden, wie Sie Ihr Kind auf seinem oder ihrem Weg begleiten können. Zunächst jedoch sollen Sie sich einmal Gedanken machen, wie es Ihnen selbst geht, wenn Ihr Kind leidet.

Starke Helfer

Sicher kennen Sie den Sicherheitshinweis, den die Flugbegleiter vor jedem Flug geben: »Wenn der Luftdruck in der Kabine sinkt, ziehen Eltern erst sich selbst die Sauerstoffmaske über, ehe sie ihren Kindern helfen.« Die Logik ist klar: Wenn Sie erst einmal ohnmächtig geworden sind, können Sie Ihren Kindern nicht mehr helfen. Das ist so logisch, dass man sich fragt, wieso dies bei jedem Flug wiederholt werden muss. Warum? Weil die meisten Eltern in Notlagen zuerst einmal an die Kinder denken und nicht an sich selbst!

Wenn Sie sich in einer Notlage vernachlässigen, tun Sie Ihren Kindern keinen Gefallen. Sie laufen so zum einen Gefahr, bald als wichtiger Helfer auszufallen. Zum anderen geben Sie ein schlechtes Beispiel ab – Ihr Kind würde lernen, dass man seine wahren Gefühle herunterschlucken muss um zu »funktionieren«.

Doch was, wenn Sie selbst auch traumatisiert sind? Vielleicht haben auch Sie einen Familienangehörigen verloren, stecken in der Scheidung, stehen vor dem Umzug oder haben eine Katastrophe erlebt. Und selbst ohne unmittelbare Betroffenheit ist es für Eltern einfach schrecklich, hilflos zusehen zu müssen, wie ihre Kinder leiden. Was auch immer geschehen ist – sicherlich fühlen Sie sich überrollt, unvorbereitet und zutiefst verunsichert. Falls Sie das Gefühl haben, es nicht schaffen zu können, holen Sie sich unbedingt Hilfe. Dies kann therapeutische oder ärztliche Hilfe sein, oder auch nur die Unterstützung von Freunden und Familienangehörigen. Reden Sie über Ihre Gefühle mit Menschen, die Ihnen zuhören. Schreiben Sie Tagebuch. Finden Sie eine Selbsthilfegruppe, um mit Menschen zusammenzukommen, die Ähnliches erlebt haben.

Natürlich können Sie Ihr Kind nicht vertrösten, bis Sie selbst sich wieder gefangen haben. Der folgende Ratschlag mag in einigen Situationen sehr schwierig zu befolgen sein. Es kommt aber nicht auf Perfektion an, sondern darauf, den richtigen Weg einzuschlagen.

■ Seien Sie im Umgang mit Ihren Kindern authentisch. Geben Sie zu, dass auch Sie starke Gefühle haben. Drücken Sie aber gleichzeitig die Zuversicht aus, dass Sie gemeinsam die schwierige Situation bewältigen werden!

Es gibt keine Patentrezepte. Bitte berücksichtigen Sie die jeweilige Situation, das Alter Ihres Kindes und Ihre eigene Verfassung, wenn Sie entscheiden, wie viel Ihrer eigenen Not Sie Ihrem Kind mitteilen wollen. Die Gratwanderung ist deshalb so schwierig, weil auf beiden Seiten Gefahren lauern. Wer seinen Kindern zumutet, die eigenen Ängste und Zweifel unzensiert zu ertragen, überfordert seine Kinder und erhebt sie in den Rang eines Ratgebers und Freundes, dem Kinder nicht gewachsen sind. Kinder wollen dann ihren Eltern helfen und verlieren den Zugang zu ihren eigenen Gefühlen. Wenn Eltern ihre eigenen Probleme verleugnen und so tun, als sei alles in Ordnung, wirken sie unehrlich und das Kind fürchtet, dass die Wahrheit noch viel fürchterlicher ist.

Welche der folgenden Ansätze käme für Sie in Frage?

- Zugeben, dass Sie selbst auch Trauer/Angst/Wut empfinden,
- erklären, dass im Moment alles anders ist als früher, dass Sie aber dafür sorgen werden, dass die Dinge bald wieder in Ordnung kommen,
- erklären, dass Sie belastende Gefühle haben und diese mit anderen erwachsenen Menschen besprechen wollen,
- sich dafür entschuldigen, dass Sie im Moment nicht optimal für das Kind da sein können. Betonen Sie, dass Sie sich schon darauf freuen, wenn der vertraute Kontakt wieder möglich ist,

- erklären, dass Menschen in Extremsituationen manchmal Dinge tun, die sie sonst nicht tun würden, dass Sie aber daran arbeiten, Ihre frühere Sicherheit wiederzugewinnen,
- versichern, dass Ihr Kind absolute Priorität hat und dass Sie es lieben, egal was kommt,
- erklären, dass Ihre momentane Verzweiflung oder Verwirrtheit nichts mit Ihrem Kind zu tun hat und dass es keine Schuld hat,
- erklären, dass Sie woanders Hilfe bekommen, um Ihrem Kind noch besser helfen zu können,
- versichern, dass Sie immer für Ihr Kind da sein werden.

Auch wenn Sie nicht selbst direktes »Opfer« des traumatischen Erlebnisses sind, wenn Ihr Kind vielleicht in der Schule gemobbt wird oder Sie bei der traumatischen Situation nicht anwesend waren, sind Sie betroffen. Professionelle Helfer (Therapeuten, Notärzte, Feuerwehrleute etc.) kennen die sekundäre Traumabelastung: Allein das Zuhören oder die Hilfe für Traumaopfer kann bei den Helfern eine Schockwirkung auslösen. Für Sie als Eltern oder Nahestehende besteht die Gefahr umso mehr, da die »Opfer« keine fremden Personen, sondern Ihre eigenen Kinder sind.

Überlegen Sie also in jedem Fall, inwieweit Sie selbst traumatisiert sind und Hilfe brauchen, um Ihr eigenes Vertrauen in sich und die Welt wieder aufzubauen.

Einige Tipps, um die eigene Betroffenheit zu verarbeiten:

- mit anderen Menschen reden,
- körperliche Signale des Körpers (Müdigkeit, Zittern, Herzrasen, Magenschmerzen etc.) ernst nehmen (d. h. zum Beispiel ärztlichen Rat einholen, Entspannungsübungen machen, sich schonen),
- das Erlebte malen, aufschreiben, kreativ, künstlerisch verarbeiten,
- Entspannungsübungen (autogenes Training, Feldenkrais, Yoga etc.), Freizeit ausschöpfen,

- öffentliche Anerkennung erhalten (wer beschuldigt oder beschämt wird, leidet länger als Menschen, deren Not von anderen anerkannt wird),
- sich immer wieder vergegenwärtigen: Gefühle kommen, brauchen ihre Zeit, aber sie gehen auch wieder,
- eine Selbsthilfegruppe aufsuchen, Netzwerke aufbauen,
- anderen Menschen helfen,
- für Erfolgserlebnisse sorgen, Dinge tun, die fürs Selbstbewusstsein gut sind,
- Hilfe von professioneller Seite suchen.

■ Je besser Sie Ihr eigenes Trauma im Griff haben, umso besser können Sie sich um Ihre Kinder kümmern. Aber Vorsicht: Verlangen Sie auf keinen Fall von Ihren Kindern, dass die Ihnen über die schwierige Zeit hinweghelfen!

Wir haben gesehen, dass ein wichtiger Faktor für eine gesunde Verarbeitung eines Traumas die Interpretation ist, die man dem Trauma gibt. Kinder entlehnen die Interpretation des Traumas meist den elterlichen Vorbildern. Wenn Eltern die Flutkatastrophe als totale Vernichtung der Existenz und aller Hoffnung auf eine annehmbare Zukunft sehen, werden Kinder dies übernehmen. Wenn die Eltern allerdings die Vernichtung ihres Hauses als Herausforderung sehen, der man mit »hochgekrempelten Ärmeln« begegnen muss, dann werden auch die Kinder sehr viel hoffnungsvoller und tatkräftiger sein. In der folgenden Tabelle sind einige typische Überzeugungen, deren Gefahren, aber auch mögliche Lösungen beschrieben.

Tabelle 1: Wie interpretieren Sie das Trauma?

Überzeugung	Gefahr	mögliche Lösung
»Ich bin schuld an dem Trauma – ich habe nicht richtig aufgepasst.«	Sie sind dem Kind gegenüber unsicher, wollen Ihre Schuld durch Verwöhnen oder Nachsicht ausgleichen.	Haben Sie objektiv Schuld? Wenn ja, dann akzeptieren Sie Ihre Verantwortung – und verzeihen sich! (Holen Sie therapeutische Hilfe, wenn nötig!)
»Mein Kind wird den Schmerz nie verwinde und nie wieder glücklich werden können.«	Ihr »Pessimismus« wird vom Kind übernommen.	Akzeptieren Sie, dass die Dinge nie wieder werden wie vorher, und vertrauen Sie darauf, dass Ihr Kind dennoch einen neuen Weg finden wird.
»Mein Kind ist klein, hilflos, überwältigt, auf mich angewiesen – ich muss es beschützen!«	Sie nehmen dem Kind alles ab, so dass es kein Vertrauen in sich gewinnen kann.	Unterstützen Sie das Selbstbewusstsein Ihres Kindes (s. das Kapitel »Selbstwertgefühle aufbauen ...«).
»Andere Kinder hätten sich gewehrt oder um Hilfe gerufen.«	Sie geben Ihrem Kind eine Mitschuld am Trauma.	Verstehen Sie, dass Ihr Kind sich so gut wie es konnte, verhalten hat (und sagen Sie ihm oder ihr, dass es keine Schuld hatte!).
»Wenn das Trauma nicht passiert wäre, wäre unsere Familie noch intakt.«	Sie geben Ihrem Kind die Schuld daran, dass die Familie zerbrochen ist.	Verstehen Sie, dass Ihr Kind am allerwenigsten Schuld trägt.

»Die Welt ist schrecklich! Man ist nirgends sicher.«	Diese Weltsicht ist zwar nach einem Trauma verständlich, doch Ihr Kind wird so zum Pessimismus erzogen.	Bauen Sie Ihr eigenes Vertrauen und das des Kindes wieder auf (s. das Kapitel »Verarbeitung des Traumas«).
»Ich kann nicht glauben, dass dies wirklich passiert ist.«	Wenn dem Kind nicht geglaubt wird, maximiert sich das Risiko einer posttraumatischen Störung.	Lassen Sie sich beraten oder holen Sie therapeutischen Rat.
»Mein Kind hat so große Angst, dass es sich überhaupt nichts mehr traut.«	Indem Sie auf die Ängste des Kindes eingehen, verstärken Sie diese noch.	Sie sind verständnisvoll, vertrauen aber darauf, dass Ihr Kind mit der Zeit die Angst besiegen wird (s. Kapitel »Ängste, ...«).
»So schlimm war das Trauma auch wieder nicht.«	Sie geben Ihrem Kind das Gefühl, nicht »richtig« zu reagieren.	Erlauben Sie Ihrem Kind alle Gefühle. Es fühlt durchaus »normal«. Holen Sie sich evtl. therapeutischen Rat.
Welche Überzeugung haben Sie?	Zu welchem Verhalten führt Ihre Überzeugung?	Wie geht es besser?

Wenn alles drunter und drüber geht

Was können Sie tun, wenn Sie Ihrem Kind nicht das geborgene, heile Familienleben bieten können, dass es in Zeiten der Belastung und Unruhe dringend bräuchte? Alle erzählen Ihnen, wie wichtig es gerade jetzt ist, dass Ihr Kind sich sicher fühlt und liebevolle

Unterstützung erhält, aber in Wirklichkeit fliegen die Fetzen, wenn Sie und Ihr/e Partner/in aneinander geraten, oder es wird jeden Abend darüber diskutiert, wie der drohende finanzielle Bankrott abgewendet werden kann. Leugnen Sie nicht, dass es Probleme gibt. Ihr Kind muss wissen, dass Sie ehrlich sind, braucht dabei aber nicht jede beunruhigende Einzelheit zu wissen. Erklären Sie Ihre Situation dem Alter der Kinder entsprechend und vergessen Sie nicht, immer wieder zu versichern, dass es sich auf einige Dinge verlassen kann, egal was kommt: dass Sie es lieben und dass Sie zusammen bleiben werden.

Um wen geht es eigentlich?

Wenn auch Sie leiden, dann hat Ihr Kind wahrscheinlich das Bedürfnis, Ihnen zu helfen, wieder glücklich zu sein. Dies ist ein sehr liebenswerter Zug in Kindern, aber sie bürden sich damit zu viel Verantwortung auf. Im Idealfall sind Eltern glücklich, dass Ihr Kind existiert und ist, wie es ist. Das Kind muss die Liebe nicht »verdienen«. Eltern sollten Ihren Kindern klar machen, dass ihre Trauer oder Hilflosigkeit nicht die Verantwortung des Kindes ist.

Wenn Ihr Kind Ihnen mit kleinen Gesten zeigt, dass es sie liebt, oder wenn es helfen will, dann freuen Sie sich darüber. Diese Freude dürfen Sie natürlich auch zeigen. Wovor ich hier warnen will, ist, dem Kind das Gefühl zu geben, es müsse ein bestimmtes Verhalten an den Tag legen, um es Ihnen leichter zu machen. Fragen Sie sich ehrlich, warum Sie wollen, dass Ihr Kind wieder glücklich ist. Geht es Ihnen um das Wohl des Kindes, oder etwa doch darum, dass Sie es einfach nicht aushalten, wenn Ihr Kind so leidet? Dies würde dem Kind die Botschaft vermitteln, dass sie seine jetzigen Gefühle nicht akzeptieren und es ablehnen, so wie es im Moment ist. Es will aber wissen, dass Sie hinter ihm stehen, ob es nun glücklich und unbeschwert ist oder von einer bösen Erfahrung niedergedrückt.

- Ihr Kind teilt Ihren Wunsch, dass es wieder »normal« werde wie vorher. Dafür muss es wissen, dass Sie es auf dem Weg dorthin begleiten werden, ohne Druck zu machen und ohne es unterwegs abzulehnen.

Informieren Sie auch andere »Helfer« über die Notlage des Kindes. Großeltern, Betreuer und Lehrer sollten wissen, was das Kind erlebt hat und was es jetzt braucht. Wenn alle Menschen um das Kind herum für die Lage sensibilisiert sind, können sie mehr Zeit, Verständnis und Zuwendung geben als üblich und Ihnen so wertvolle Unterstützung geben.

Was tun bei Schock?

Die 9-jährige Mara wird ins Krankenhaus eingeliefert, nachdem sie auf dem Weg zur Schule beim Überqueren der Straße von einem Autofahrer angefahren wurde. Glücklicherweise hat sie nur Schürfwunden und eine Prellung. Dennoch steht sie völlig unter Schock. Sie weint ganz bitterlich, weil sie nicht weiß, wo ihre Schultasche geblieben ist. Immer wieder bittet sie, man möge nach ihrer Schultasche suchen. Auf Fragen, wie sie heißt oder wo sie wohnt, kann sie nicht antworten.

Nach einem plötzlichen Trauma (Trauma-Typ I) erleidet Ihr Kind einen Schock. Dieser kann sich auf vielfältige Weise ausdrücken. Alles ist möglich: Weinen, Erstarrung, Angst, Zittern, Um-sich-Hauen, Lachen, Misstrauen, oder aber Ihr Kind tut, als sei nichts gewesen, und erinnert sich an nichts.

- Die erste Regel ist: akzeptieren Sie Ihr Kind, egal wie es reagiert.

Hüten Sie sich davor, Ihrem Kind zu sagen, wie es fühlen soll. Aussagen wie »Du musst jetzt stark sein«, »Du bist schon so groß, da musst du doch nicht mehr weinen«, »Du brauchst doch keine Angst zu haben« helfen dem Kind nicht. Die Reaktionen Ihres Kindes sind die Sprache, die es sprechen kann. Fragen Sie nach, ob Sie die Sprache richtig verstehen: »So traurig bist du, nicht wahr?«

Helfen Sie Ihrem Kind auch zu verstehen, dass die Reaktion normal ist, die es »unter Schock« während des Traumas hatte. Möglicherweise hat ihr Kind Dinge gesagt oder getan, wegen derer es sich schämt oder die ihm oder ihr das Gefühl geben, den eigenen Körper nicht unter Kontrolle zu haben. Erklären Sie, dass der Körper in lebensbedrohlichen Situationen sozusagen auf »Autopilot« umstellt und gewisse physiologische Abwehrstrategien entwickelt: Ausgeschüttetes Adrenalin soll helfen, sich verteidigen oder fortrennen zu können. Dabei verliert man schon mal die Kontrolle über Körperfunktionen (schwitzt, macht in die Hose etc.). Eine weitere Folge der physiologischen Stressreaktion ist, dass alles Blut in Arme und Beine fließt, um die Flucht zu ermöglichen, dabei aber wenig Blut und Sauerstoff fürs Gehirn übrig bleibt. Das heißt, man kann nicht richtig denken und übersieht oft die nahe liegendsten Lösungen oder Rettungsmöglichkeiten. Wer hinterher fragt: »Warum hast du nicht einfach um Hilfe gerufen?«, war noch nie in einer vergleichbaren Situation und macht sich keine Vorstellungen davon, wie wenig man in Stressmomenten zu vernünftigen Gedanken fähig ist.

Es kann auch passieren, dass, wenn die Situation aussichtslos erscheint, der Körper opiumartige Stoffe ausschüttet, die einen einerseits lähmen und starr machen, andererseits aber den Vorteil haben, dass man Schmerzen und Schrecken weniger stark oder gar nicht empfindet. Manche Menschen haben während eines Traumas das Gefühl, sich selbst von außen zu sehen oder aber plötzlich in einer anderen Zeitdimension zu sein, in der eine Sekunde so lange wie eine Stunde dauern kann.

Äußerlich lässt sich ein Schock erkennen durch schnelle Atmung oder bleiche Hautfarbe. Während solche Hinweise es für Außenstehende ganz deutlich machen, dass man unter Schock steht, wollen die Beteiligten selbst oft nicht wahrhaben, dass sie Hilfe brauchen. Sie beteuern, dass alles in Ordnung sei. Unter Stress merkt man nicht, dass man den Atem anhält. Durch das Luftanhalten verringert sich allerdings der Sauerstoff im Blut und der Puls steigt noch weiter an. Helfen Sie Ihren Kindern, wieder zu einer ruhigen Atmung zurückzufinden, indem Sie die Aufmerksamkeit Ihrer Kinder auf das Luftholen lenken. Atmen Sie gemeinsam langsam ein und aus. Wenn Ihr Kind schon zählen kann, lassen Sie es jeweils bis 5 zählen. Dadurch wird gleichmäßiges Atmen gewährleistet und gleichzeitig wird die Konzentration des Kindes auf sich selbst und fort vom Trauma gelenkt.

Auch hinterher verleugnen viele Traumaopfer, dass sie unter dem Geschehen leiden. So werden oft typische Symptome (Ängstlichkeit, Unkonzentriertheit, Schmerzen usw.) nicht erkannt oder irgendwie anders erklärt. Forscher haben herausgefunden, dass sich im Gehirn nach einem Trauma Veränderungen einstellen, die auch das Denken beeinträchtigen. So fällt es Betroffenen schwer, hinterher in Sequenzen zu denken, die Reihenfolge der Dinge ist also nicht mehr klar. Viele Kinder können daher nach einem Trauma nicht richtig erzählen, was eigentlich passiert ist, die Rede scheint fragmentiert und ist schwer zu verstehen. (Auf lange Sicht gesehen lassen sich so auch bleibende Lernstörungen erklären.) Achten Sie auf jedes veränderte Verhalten Ihres Kindes und fragen Sie gegebenenfalls Experten, ob diese Veränderungen durch das Trauma erklärbar sind.

Das Wichtigste nach einem Trauma ist, zunächst dafür zu sorgen, dass das Kind wieder in Sicherheit ist. So muss nach einem Unfall erst einmal alles getan werden, um Verletzungen zu versorgen. Hat das Kind eine Naturkatastrophe erlebt, müssen die primären Bedürfnisse wie Sicherheit, Wohnung, Essen und Wärme befriedigt werden. Je länger die Unsicherheit andauert und je schwieriger es ist, dem Kind wieder ein Gefühl der Geborgenheit zu vermitteln, um so größer ist die Gefahr, dass bleibende Schäden zurückbleiben.

■ Nach einem Trauma muss alles getan werden, um dem Kind ein Gefühl von Geborgenheit und Sicherheit zurückzugeben.

Da die Heilung nach einem Trauma stark davon abhängt, wie hilflos oder aktiv sich ein Mensch während des Traumas erlebt hat, unterlassen Sie alle Dinge, die das Kind in seiner Hilflosigkeit bestärken. Informieren Sie das Kind in altersangemessenen Worten über Dinge, die vorgehen. Erklären Sie zum Beispiel, wie Menschen und Kinder auf Traumata reagieren, und schicken Sie Ihr Kind nicht einfach zu »Experten«, ohne ihm oder ihr zu erklären, wieso sie dies tun und welcher Art die Intervention ist, die es erwarten kann.

Ihr Kind braucht nach einem Trauma wahrscheinlich viel Körperkontakt – das gilt vor allem für kleine Kinder. Nehmen Sie es in den Arm, reden Sie ruhig mit ihm. Drücken Sie möglichst viel Zuversicht aus, ohne aber Versprechungen zu machen, an die Sie selbst nicht glauben. Wenn gerade Ihr Haus abgebrannt ist, sagen Sie nicht, dass es nächsten Sonntag wieder stehen wird. Aber sagen Sie, dass Sie einen Weg finden werden, wie alles wieder gut wird. Sie werden alles tun, um mit der Situation fertig zu werden.

Seien Sie darauf vorbereitet, dass Ihr Kind Sie zurückweist oder nicht an sich heranlässt. Verlangen Sie dann nicht, dass es sich öffnet, sondern drücken Verständnis aus dafür, wie schlecht es ihm gehen muss. Halten Sie den Kontakt von Ihrer Seite aufrecht.

Es ist auch möglich, dass Ihr Kind so tut, als sei nichts geschehen. Dies ist eine Art Selbstschutz, das Kind hat Angst, die Gefühle zuzulassen. Zwingen Sie kein Gespräch auf, aber stellen Sie behutsame Fragen oder reden Sie von Ihren Gefühlen zum Zeichen, dass es in Ordnung ist, über Gefühle zu reden.

Wahrscheinlich wird Ihr Kind aber sehr anhänglich und »bedürftig« sein, als sei es plötzlich wieder ein Baby oder Kleinkind. Akzeptieren Sie diese »Regression« ohne Kritik. Gehen Sie auf die Bedürfnisse und Wünsche Ihres Kindes ein. Wenn es will, dann lassen Sie es in Ihrem Bett schlafen, das Stofftier mit in die Schule nehmen oder den Besuch bei der Freundin machen.

Vielleicht ist Ihr Kind auch erschrocken über die eigene Reaktion und versteht nicht, warum es plötzlich so weinerlich oder ängstlich ist, macht sich Sorgen über die Kopf- und Bauchschmerzen, über Einschlafstörungen und Albträume. Erklären Sie immer wieder, dass all diese Reaktionen ganz normal sind und alle Kinder in solchen Situationen gleiche oder ähnliche Symptome haben.

Dieses »Normalisieren« begegnet der Angst des Kindes, irgendetwas stimme nicht mit ihr oder ihm.

- Das Kind ist normal, aber die Situation ist es nicht!

Wenn alles drunter und drüber geht, kann es für das Kind sehr wichtig sein, dass gewisse Dinge so bleiben, wie sie waren. Je mehr »Alltag« das Kind erfährt, umso schneller wird es sich wieder sicher fühlen. Halten Sie, wenn möglich, an Gewohnheiten wie Einschlafritualen, dem Badetag am Sonntag oder dem süßen Frühstück am Mittwoch fest. Freuen Sie sich über jede Kleinigkeit, die noch so sein kann wie vorher, denn dort hat das Trauma keine Macht! Ihr Kind hat schon so viel Alltag verloren, dass jede Tradition und Erinnerung an frühere Zeiten Halt gibt. Falls Ihr Kind bei der Gestaltung des Tagesablaufs mithelfen kann, unterstützen Sie dies, da Ihr Kind damit sich selbst beweisen kann, dass es Dinge wieder »unter Kontrolle« hat. Sobald der erste Schock abklingt, sollte Ihr Kind auch wieder in die Schule gehen. Besprechen Sie Ihre besondere Situation mit den behandelnden Ärzten.

Rechnen Sie auch mit somatischen und physiologischen Symptomen. Schock wirkt sich auf das Ess- und Schlafverhalten aus und auf die allgemeine körperliche Befindlichkeit. Schmerzen aller Art, Verdauungsstörungen und allergische Reaktionen sind normal. Schock bewirkt Stress und Stress wiederum vermindert die Abwehrkräfte des Körpers, so dass man leichter erkrankt. Ihr Kind braucht Zeit, Verständnis, Ruhe und Geborgenheit. Was immer sie zur Entspannung tun können (siehe das Kapitel »Entspannung«), wirkt dem Stress entgegen. Besprechen Sie etwaige Symptome mit Psychologen und/oder Ärzten.

Der Schock kann Tage oder sogar Wochen andauern, je nach Persönlichkeit und Art des Traumas. Die Erregung sollte mit der Zeit abnehmen, so dass sich das Leben wieder normalisieren kann. Wir haben bereits gesehen, dass nicht jedes Traumaopfer mit den Symptomen einer posttraumatischen Belastungsstörung rechnen muss. Wenn allerdings nach einigen Wochen noch immer keine Besserung in Sicht ist und das Kind nach wie vor unter Schock zu stehen scheint, wenn es sich an das Trauma oder an wesentliche Teile davon nicht erinnern kann, wenn die Erregung nicht abnimmt oder wenn Sie sich ganz einfach Sorgen machen, dann sollten Sie auf jeden Fall Traumaexperten einschalten!

Professionelle Helfer einschalten

Wenn Sie auch nur den leisesten Zweifel haben, dass Ihre Unterstützung für das Kind nicht ausreicht, dann holen Sie Rat von professionellen Helfern. Es gibt viele Kriseneinrichtungen, Opfertelefondienste, Beratungsstellen, Ärzte und Therapeuten. Und natürlich sollten alle körperlichen Symptome (Schmerzen, Schwindel usw.) ärztlich untersucht werden.

Wenn Sie bereits Hilfe eingeschaltet haben, achten Sie auf eine gute Zusammenarbeit mit den »Experten« – sie ist wichtig für den Erfolg der Behandlung. Lassen Sie sich erklären, wie genau die Hilfe aussieht, und bleiben Sie in ständigem Kontakt mit den Helfern. Im Idealfall ziehen alle dem Kind nahe stehenden Erwachsenen am gleichen Strang. Erwarten Sie nicht, dass die »Experten« alle Probleme für Sie beseitigen – die Eltern oder Erziehenden bleiben die wichtigsten Personen im Leben des Kindes und müssen auf jeden Fall ihren Teil dazu tun, dass das Kind wieder Lebensfreude gewinnt.

Für die meisten Symptome einer posttraumatischen Stressbelastung eignen sich Methoden der Kognitiven Verhaltenstherapie (KVT). Sie wird gerade bei Kindern und Jugendlichen gern und häufig angewandt.

Die Prinzipien und Ziele der KVT will ich hier nur kurz umreißen. Da das Trauma real war und nicht wieder rückgängig gemacht werden kann, soll auch die Erinnerung daran nicht ausradiert werden. Ziel der Therapie ist vielmehr, dem Patienten zu helfen, mit der Erinnerung leben zu können. Nicht die Erinnerung wird bekämpft, sondern die damit einhergehenden Symptome (Angst, Ekel, Schuldgedanken, Rachegefühle, Scham, Zittern, Überzeugungen wie »die Welt ist nicht sicher« oder »ich bin immer ein Opfer« usw.) werden abgebaut.

Wie soll das gehen? Es gibt verschiedene Methoden, die dem Alter des Kindes angepasst werden müssen. Zuerst muss allerdings ein Vertrauensverhältnis zwischen Therapeutin und Patient aufgebaut werden. Das Kind soll sich sicher und geborgen fühlen. Es darf, muss aber nicht, über das Geschehene sprechen. Oft wird in der Therapie gemalt oder gespielt. So vermittelt das Kind der Therapeutin bereits, welche Themen wichtig sind und wie es das Trauma erlebt hat.

Ziele der kognitiven Therapie:

- Irrationale Überzeugungen (»Autofahren ist gefährlich«, »ich kann mich nicht wehren«, »alle Männer tun mir weh«) werden erkannt und verändert,
- Vermittlung von Fakten und Informationen (Folgen und Reaktionen werden erklärt und »normalisiert«),
- Hilfe und Begleitung bei dem Erleben und Zulassen von Gefühlen,
- Interpretation und Sinngebung: Was bedeutet das Trauma für den oder die Betroffene? Wie kann es »integriert« werden, so dass es Teil des weiteren Lebensweges ist,
- Erinnerungen sollen nochmals durchlebt werden (das heißt in der Fachsprache »Exposition«), allerdings von Entspannungs- und Wiederholungstechniken begleitet, so dass die »Stimulation« (Erregtheit, Angst usw.) soweit absinkt, dass der Patient die Erinnerung gut erträgt,
- Wiederanknüpfen an frühere Stärken,
- Selbstbewusstsein wird gestärkt.

Im Idealfall arbeiten Eltern, familiäres Umfeld, soziales Umfeld (Schule etc.) und professionelle Helfer zusammen.

3. Verarbeitung des Traumas

Gefühle zulassen

Nachdem sein bester Freund bei einem Schwimmunfall ums Leben gekommen ist, verschließt Frank sich immer mehr. Er antwortet auf Fragen kurz angebunden, weist jedes Hilfsangebot ab: Er sei schon okay. Einige Wochen später unternimmt er einen Suizidversuch und wird gerade noch gefunden. In seinem Abschiedsbrief schreibt er, dass er mit der Schuld am Tod seines Freundes nicht mehr leben kann. Weil er an Land geschwommen war, während sein Freund bei hohen Wellen noch im Meer blieb, fühlte er sich verantwortlich.

Um Ihrem Kind zu helfen, müssen Sie erst einmal verstehen, was es überhaupt fühlt. Fühlt er oder sie sich traurig, verängstigt, hilflos, wütend, erstarrt, überwältigt? Kann Ihr Kind diese Gefühle artikulieren? Natürlich können ganz kleine Kinder ihre Gefühle nicht so gut ausdrücken wie ältere Kinder. Doch in jedem Alter gilt: Sie helfen Ihren Kindern, wenn Sie bereit sind, sich mit Gefühlen auseinander zu setzen.

Einige grundlegende Tipps für den Umgang mit Gefühlen:

- Erwachsene sind Vorbild. Wenn sie Gefühle zulassen, wenn sie Tränen zeigen können, fühlen Kinder sich ermutigt, ebenfalls Gefühle zu zeigen. Wenn Eltern sich bei starken Gefühlen im Zimmer einschließen, wird auch das Kind sich bemühen, Gefühle zu verbergen.

- Das heißt nicht, dass man Kinder der vollen Verzweiflung aussetzen soll, die man vielleicht zurzeit fühlt. Kinder brauchen auch immer Hoffnung. Geben Sie also ruhig zu, wenn sie wütend sind oder Trauer empfinden. Hüten Sie sich aber andererseits vor impulsiven Handlungen (z. B. Hauen) oder Worten (z. B. »Ich bringe mich um, wenn es so weitergeht«). Die Botschaft sollte sein: Ich habe manchmal extreme Gefühle, aber das ist in Ordnung und ich weiß, wie ich damit umgehen kann (oder hole mir Hilfe).
- Gefühle sind wertneutral. Es gibt keine richtigen oder falschen Gefühle. Ihr Kind wird durch verschiedene Phasen gehen, in denen jeweils unterschiedliche Gefühle vorherrschen. Sie alle haben ihren Sinn und werden anderen Gefühlen Platz machen. Verlangen Sie von Ihrem Kind nie, dass es ein bestimmtes Gefühl hervorzaubert.
- Interessieren Sie sich! Ihr Kind soll spüren, dass Sie wissen wollen, wie es ihm oder ihr geht und was es empfindet.
- Nehmen Sie alle Gefühle ernst, ohne sie wegreden zu wollen. Ihr Kind wird Kommentare wie »Das ist doch kein Grund zu weinen« oder »Du brauchst doch keine Angst zu haben« als Kritik empfinden und sich missverstanden fühlen. Im schlimmsten Fall wird es versuchen, die Gefühle zu verdrängen und ein falsches »Ich« aufzubauen. Dies wiederum führt zum Gefühl, einen falschen und verachtenswerten inneren Kern zu haben.
- Gefühle sind keine »Probleme«, die gelöst werden müssen. Manche Gefühle »sind« einfach. Natürlich würden Eltern gern etwas tun, damit ihr Kind aufhört, verängstigt oder traurig zu sein – und fühlen sich hilflos, wenn das nicht geht. Ratschläge sind gut gemeint, bringen aber meistens nichts. Im Gegenteil, sie vermitteln dem Kind das Gefühl, dass es einfache Lösungen gibt, die es aus irgendwelchen Gründen nicht annehmen kann.
- Das heißt nicht, dass Sie den Gefühlen Ihres Kindes stumm begegnen sollen. Sehr hilfreich ist es, wenn Sie einfühlsam sagen: »So traurig bist du!« Oder auch: »Ich wünschte, ich könnte dir irgendwie helfen!« Diese kurzen Kommentare geben dem Kind

zu verstehen, dass Sie seine Gefühle akzeptieren und da sind, um es aufzufangen.
- Helfen Sie Ihrem Kind, die Gefühle zu »normalisieren«. Was immer es fühlt, ist unter den Umständen verständlich. Ihre Kinder sind nicht verrückt, anders als andere Kinder oder irgendwie »schlecht«. Viele Kinder sind erleichtert, wenn sie hören, dass es anderen Kindern in der gleichen Situation ähnlich gehen würde.
- Manchmal hilft es auch, wenn Erwachsene aus ihrer eigenen Kindheit berichten. Haben Sie ähnliche Erfahrungen gemacht wie das Kind? Hatten Sie einmal große Angst? Andernfalls geben Sie zu, dass Sie solch ein schreckliches Erlebnis nie hatten. Dann mutmaßen Sie einfach, wie Sie sich in ähnlicher Situation als Kind gefühlt hätten (»Wenn mir das als Kind passiert wäre, dann hätte ich bestimmt auch Angst vor Autofahren bekommen«, oder »Wenn meine Mutter gestorben wäre, dann wäre ich bestimmt auch ganz schrecklich traurig gewesen«).
- Wenn Ihr Kind die eigenen Gefühle ausdrücken kann, fragen Sie auch, wie es zu diesen Gefühlen steht: »Macht dir dieses Gefühl Angst? Was wünschst du dir?«
- Wenn Ihr Kind zu klein ist oder aus anderen Gründen nicht in der Lage ist, die eigenen Gefühle auszudrücken, dann versetzen Sie sich in seine oder ihre Lage und testen Sie Ihre Hypothese: »Du bist ganz schön wütend, oder?« Bei älteren Kindern: »Ich könnte mir vorstellen, dass es dir im Moment ganz schwer fällt, überhaupt jemandem zu vertrauen, ist das so?« Wahrscheinlich wird das Kind nicht gleich reagieren können, aber wenn Sie ohne großen Druck auszuüben immer wieder auf die Gefühle eingehen, wird es sich vielleicht bald öffnen können.
- Viele Kinder empfinden zwar unter besonderen Umständen extreme Gefühle wie Angst, Schock oder Trauer, sind zwischendurch aber wieder ausgelassen und machen Unsinn oder lachen über einen Film, als haben sie alles vergessen. Freuen Sie sich über diese Momente. Ihr Kind hat keineswegs den Schrecken vergessen und darf nicht für wieder aufkommende Freude kritisiert oder durch Missbilligung bestraft werden. Momente der Freude sind die Helfer des Heilungsprozesses.

- Manchmal ist das Kind noch nicht in der Lage, sich mit den eigenen Gefühlen auseinander zu setzen. Dann hilft es, wenn man sich dem Thema spielerisch nähert (mehr dazu in einem späteren Kapitel). Erzählen Sie Geschichten, in denen die tatsächlichen Ereignisse versteckt sind, und fragen Sie dann, wie sich wohl die Figuren in der Geschichte fühlen. Oder ermutigen Sie zu Rollenspielen, vielleicht mit Puppen und Stofftieren. Sinn ist es, dass Ihr Kind die eigenen Gefühle auf andere Personen oder Puppen projizieren kann und sie dort »ausprobiert«: »Mein Teddy hat Bauchschmerzen, weil der böse Mann ihn da unten angefasst hat!«

■ Hauptsache, Ihr Kind versteht: Es ist okay, Gefühle zu haben! Ich darf meine Gefühle fühlen und ausdrücken.

Wenn Ihr Kind allerdings von seinen Gefühlen (Erinnerungen) »terrorisiert« (d. h. überflutet) wird, braucht es Hilfe. Lesen Sie dann gleich das Kapitel »Intrusionen, Flashbacks und Albträume«.

Die gesamte Verarbeitung eines Traumas hängt davon ab, ob das Opfer seine oder ihre Gefühle erleben und verarbeiten kann. Deshalb ist das Kapitel »Gefühle« so wichtig und auch hier nicht zu Ende. Die folgenden Kapitel werden immer wieder auf das Thema Gefühle zurückkommen.

Miteinander reden

Ob Ihr Kind über das Erlebte reden will oder nicht, mag von den Umständen abhängen. Aber auch die Atmosphäre, die vor dem Trauma herrschte, ist wichtig. Je offener Sie vorher zusammen geredet haben, desto leichter wird es sein, jetzt im Kontakt zu bleiben. Wenn Sie schon vorher Probleme im Umgang mit Ihrem Kind hatten, haben Sie es jetzt doppelt schwer. Dies ist nicht der Zeitpunkt, Erziehungsprobleme zu lösen. Andererseits bietet sich vielleicht durch die besondere Situation die Möglichkeit, einen neuen

Zugang zum Kind zu finden und so Versäumtes wieder gutzumachen.

Zwingen Sie Ihr Kind zu nichts, aber grundsätzlich gilt: Ohne darüber zu reden, kann man schreckliche Erlebnisse kaum bewältigen. Viele Menschen glauben, dass man schreckliche Erinnerungen am besten so schnell wie möglich vergessen sollte. Das ist nicht richtig! Wer die Erinnerung »unterdrückt«, wird ein Leben lang unter dem Zwang stehen, bestimmte Gedanken oder Dinge vermeiden zu müssen. Depressionen, Zwänge oder Phobien sind dann häufig das Resultat. Erst wenn man ein Trauma insoweit »verarbeitet« hat, dass man daran denken kann, ohne jedes Mal in Schweiß auszubrechen oder Herzrasen zu bekommen, kann es wieder normal weitergehen.

Fragen, die dem Kind helfen, sein Erlebnis in Worten auszudrücken:

- Was hast du gesehen, gehört, gerochen?
- Wie hat es sich angefühlt?
- Was hattest du gerade vorher getan?
- Was war dein erster Gedanke?
- Was hättest du in dem Moment gerne getan?
- Was hast du dir gewünscht?

Wenn eine andere Person gestorben oder verletzt worden ist, sprechen Sie über diese Person. Denken Sie nicht, dass Sie dem Kind helfen müssten, diese Person so schnell wie möglich zu vergessen. Im Gegenteil, betonen Sie, dass Menschen in unseren Gedanken immer weiterleben. Tauschen Sie Geschichten aus über die verstorbene Person: schöne, lustige oder traurige. Lesen Sie im Kapitel über den Tod einer geliebten Person, was man im Trauerfall tun kann.

Allgemein gilt: Das Reden über eigene Erfahrungen ist heilsam. Lassen Sie Ihr Kind viel über sich reden, nicht nur über das Trauma, sondern auch über andere Erinnerungen. Es soll sich eine »Lebensgeschichte« zurechtlegen, die das Leben als Ganzes sieht. Dazu gehören gute und schlechte Erfahrungen. Auch das Trauma ist Teil dieser Lebensgeschichte. Das Trauma mag ein Einschnitt gewesen sein, mit dem zunächst einmal das Leben aufzuhören schien. Doch das ist ein Irrtum, das Leben geht weiter. Je eher das Kind beginnt, das Trauma als Teil des Lebens zu begreifen, dem ein Lebensabschnitt vorausging und dem ein anderer Abschnitt folgte, desto eher wird es das Trauma verarbeiten. Helfen Sie Ihrem Kind mit Fragen wie: »Weißt du noch, wie wir letzten Sommer die Großeltern besucht haben? Am schönsten fand ich es, als wir alle zusammen Karten gespielt haben.« Ermutigen Sie Ihr Kind, aus dem Leben vor dem Trauma zu berichten.

Nehmen Sie sich Zeit für gemeinsame Gespräche! Wenn Sie unter Zeitdruck stehen, weil sie noch etwas besorgen müssen, wenn Ihr Kind auf den Anruf einer Freundin wartet, dann herrschen keine guten Bedingungen für ein offenes Gespräch.

Ein gutes Gespräch besteht immer aus zwei Teilen: dem Zuhören und dem Reden.

Zuhören:

- Machen Sie durch Ihre Körperhaltung deutlich, dass Sie offen sind und Interesse daran haben, was Ihr Kind sagt. Schauen Sie Ihrem Kind ins Gesicht, beugen Sie sich vor. (Verschränkte Arme oder abgewendeter Blick signalisieren Ablehnung.)
- Denken Sie beim Zuhören noch nicht daran, was Sie antworten wollen. Wenn Ihr Kind Ratschläge oder Lösungsvorschläge hören will, wird es Sie darum bitten. Ungebetene Ratschläge stoßen meist auf Widerstand. Lassen Sie das Gehörte ruhig erst einmal auf sich wirken.
- Um Ihrem Kind das Gefühl zu geben, dass Sie verstanden haben, oder auch nur, um sich selbst zu vergewissern, dass Sie verstanden haben, wiederholen Sie das Gehörte mit anderen Worten: »Du hast Angst vor dem Einschlafen, weil du dann immer diese schrecklichen Albträume hast, stimmt das?« Eine solche leicht

abgewandelte Wiedergabe des Gehörten nennt man auch »spiegeln«.
- Wenn das Kind das Thema wechselt, dann hat es für den Moment genug. Lassen Sie dies ohne Kommentar und ohne Druck zu.

Oft wollen Eltern gleich Ratschläge geben, wenn ihre Kinder von schwierigen Gefühlen erzählen. Eine Mutter, die erfährt, dass der Sohn von anderen Kindern in der Pause gehauen wird, möchte vielleicht sagen: »Wenn dich die anderen schlagen, lauf weg!« Doch ehe der Sohn Ratschläge überhaupt hören und annehmen kann, muss er sich erst einmal gehört und verstanden wissen. Besser ist es, die Mutter fragt nach: »Das ist ja schrecklich. Wie ist denn das für dich? Macht dich das wütend (hilflos, gedemütigt)?«

Manchmal, wenn Kinder sich über andere beschweren, hinterfragen Eltern diese Kritik, weil sie das Kind in seiner negativen Einschätzung nicht noch unterstützen wollen. So könnte der Vater, dessen Tochter sagt, ihre Lehrerin sei blöd und hacke immer auf ihr rum, antworten: »Du musst halt nur deine Hausaufgaben machen, dann geht das schon.« Aber die Tochter muss ihren Frust erst einmal ablassen. Wenn sie spürt, dass der Vater ihre Situation versteht, dann kann sie vielleicht auch überlegen, wie sie sich mit der Lehrerin besser stellen kann – aber erst dann!

Susanne (8) und Max (6) streiten sich lautstark. Die Mutter hört aus der Küche, wie Max schreit: »Gib mir das wieder, das gehört mir!« Und schon kommt Max angelaufen und ruft: »Die Susanne ist total blöd. Sie hat meinen Malkasten genommen und gibt ihn mir nicht wieder.« Die Mutter könnte jetzt Partei ergreifen und schlichten (»Susanne, gib Max den Malkasten!«). Oder sie könnte an Max' Aussage zweifeln und Susanne fragen, ob Max Recht hat. Aber sie hat aktiv zugehört und überlegt erst einmal, wie es dem kleinen Max gerade geht. »Mensch, du bist ja richtig sauer auf deine Schwester!« Max muss sich nicht rechtfertigen oder etwas erklären, er nickt erleichtert und die Tränen beginnen zu fließen. Jetzt erst fragt die Mutter: »Was ist denn genau passiert?« Nachdem Max seine Geschichte los geworden ist, rennt er zurück ins Zimmer und regelt jetzt die Geschichte mit dem Malkasten selbst.

Reden:

- Reden Sie selbst auch von Ihren Gefühlen.
- Nennen Sie Dinge beim Namen. Reden Sie nicht um den heißen Brei herum. Natürlich nehmen Sie dabei Rücksicht auf das Alter des Kindes – finden Sie altersgerechte Erklärungen und Worte.
- Vor allem müssen Sie die Wahrheit sagen. Es muss nicht die ganze Wahrheit sein, aber nichts darf erlogen sein. Wenn sich beispielsweise der Vater eines Kindes das Leben genommen hat, darf man nicht sagen, der Vater hatte einen Unfall. Das Kind wird spüren, dass es da ein »Geheimnis« gibt, und wenn es dann die Wahrheit erfährt – was nicht vermeidbar ist –, wird er oder sie sich belogen und verraten vorkommen. Andererseits dürfen Sie einer Fünfjährigen natürlich nicht die ganze grausame Wahrheit mit allen Details zumuten. In dem Fall genügt es sicherlich, wenn man – sollte das Kind nach dem Grund für den Tod fragen – sagt: »Der Papa hatte so viele schreckliche Gedanken im Kopf, die haben ihn ganz traurig und krank gemacht. Das konnte er nicht mehr ertragen und er hat sich selbst getötet. Aber das war ein großer Fehler und es hat gar nichts mit dir zu tun. In dem Moment hat er vergessen, wie sehr du ihn liebst und er dich.«
- Drücken Sie immer wieder Hoffnung aus. Natürlich dürfen Sie keine Versprechungen machen, die sie nicht garantieren können. Sagen Sie nicht: »Mama wird wieder gesund«, wenn sie noch in Lebensgefahr schwebt. Sagen Sie aber: »Die Ärzte tun alles, um ihr Leben zu retten. Sie haben gesagt, die Chancen stehen gut. Ich wünsche mir auch so sehr, dass sie wieder gesund wird!« Oder: »Ich weiß, wie schwer alles im Moment ist für dich. Aber ich bin überzeugt, dass wir es zusammen schaffen werden.«
- Wenn es Ihnen selbst schwer fällt, über das traumatische Ereignis zu reden, holen Sie sich Hilfe. In der Zwischenzeit bitten Sie eine Ihnen oder dem Kind nahe stehende Person, mit dem Kind zu reden.

Wir haben bereits gesehen, wie wichtig die Gefühle sind. Im Grunde geht es bei allen Gesprächen im Zusammenhang mit dem Trauma darum, Gefühle zu »verarbeiten«. Daher sollten die helfenden Erwachsenen stets bereit sein, richtig zuzuhören und gegebenenfalls ihre vorgefassten Meinungen über den Haufen zu werfen. Andererseits sollte der oder die helfende Erwachsene auch in der Lage sein, wichtige Informationen zu liefern, die dem Kind helfen, sich »normal« zu fühlen und zu verstehen.

Erklärungen, die dem Kind helfen:

- Die Reaktionen und Gefühle, die du hast, sind »normal«. Anderen Kindern geht es ganz ähnlich, wenn ihnen so etwas passiert.
- Physiologische Reaktionen (Schwitzen, Herzrasen, Beklemmungen) sind Wege, wie der Körper mit Stress (schwierigen Situationen) umgeht. Der Körper scheint außer Kontrolle, tatsächlich hat er aber alles unter Kontrolle – das Herz wird nie wirklich »zerspringen«. Der Körper ist dabei, wichtige Stoffe (Adrenalin etc.) auszuschütten, die einen bei Gefahr stärker machen. Diese Symptome klingen immer nach einigen Minuten ab! (Lesen Sie auch das Kapitel »Entspannung«.)
- Flashbacks, Albträume und Erinnerungen stellen sich ungerufen ein. Dies tun sie, weil du den Schrecken noch nicht los geworden bist. Sie machen Angst und am liebsten würdest du solche Gedanken gar nicht haben. Aber es ist nicht gut, die Gedanken zu verdrängen. Besser ist, darüber zu reden. (Es gibt Wege, Kindern zu helfen, solche ungebetenen Gedanken loszuwerden, s. a. Kapitel »Intrusionen, Flashbacks, ...«.)
- Die Seele/Psyche ist verletzbar wie der Körper. Wenn man eine Wunde hat, gibt es eine Verletzung, Schmerzen und eine Narbe. Wenn man etwas Schreckliches erlebt hat, ist die Seele/Psyche verletzt. Manchmal heilt die Wunde nicht so schnell, es ist, als ob sie eitert oder tief eingebrannt ist. Was du erlebst, ist der Schmerz der seelischen Wunde. Die Wunde wird sich irgendwann schließen. Vielleicht bleibt auch eine Narbe zurück.

- Die »Traumaarbeit« ist wie ein Puzzle. Es gibt ganz viele Teile und wir müssen alles wieder zusammensetzen bis es wieder ein Ganzes ist.

Rituale

Die 15-jährige Laura wurde von zwei Jugendlichen bedrängt und sexuell genötigt. Ein halbes Jahr später erzählt Laura ihrer Therapeutin, dass sich das T-Shirt, das sie dabei anhatte, noch immer in einer Tüte in der hintersten Ecke ihres Schranks befinde. In der nächsten Sitzung bringt Laura das T-Shirt mit, dass sie erst im Behandlungszimmer aus der Tüte packt. Der Anblick bringt Laura zum Weinen. Die Therapeutin begleitet sie durch die Erinnerung. Einige Wochen später berichtet Laura, dass sie das T-Shirt feierlich im Garten verbrannt habe und sich nun irgendwie »befreit« fühle.

Rituale sind hervorragend für die Traumaverarbeitung geeignet. Dies gilt übrigens auch für Erwachsene, aber für Kinder sind diese Formen des Ausdrucks und der symbolischen Sinngebung noch wichtiger.

Bevor wir uns den Ritualen zuwenden, möchte ich kurz zwischen guten adaptiven Ritualen und hinderlichen Zwängen unterscheiden. Wenn man regelmäßig ans Grab der geliebten Schwester geht, fühlt man sich ihr dabei nah. Man kann die Trauer zulassen und hat doch das Gefühl, getröstet zu werden. Wenn allerdings Rituale keinen Trost bieten und man sich schlecht fühlt, weil man sie nicht unterlassen kann, sollte man eher von einem »Zwang« reden. Lesen Sie dazu bitte das Kapitel zu »Zwangshandlungen«. Adaptive Rituale dagegen fördern den Heilungsprozess.

Beispiele für adaptive Rituale:

- Trauerrituale (eine Kerze anzünden, eine Gedenkveranstaltung, Grabbesuche etc.),

- sich mit Menschen treffen, die das Trauma ebenfalls erlebt haben,
- eine Gedenkstätte einrichten,
- ein Fotoalbum anlegen,
- regelmäßig Tagebuch schreiben,
- ein Gedicht (Geschichte) schreiben,
- am Unfallort einen Blumenstrauß, ein Kreuz oder einen Stein hinterlegen,
- Jahrestage begehen,
- die erlittenen Schmerzen oder Verluste aufschreiben und in einem Papierschiffchen auf Seereise schicken,
- sich für einen guten Zweck engagieren.

Kreative Bewältigungsmechanismen fördern

Außer den genannten Ritualen gibt es andere kreative Bewältigungsmechanismen. Welche Art der Kreativität gewählt wird, ist egal und hängt von den Fähigkeiten und Neigungen Ihres Kindes ab. Geben Sie keine Anweisungen, sondern regen Sie bestenfalls an. Wie wir gesehen haben, ist die Hilflosigkeit und Passivität, mit der Menschen ein Trauma erleben, ausschlaggebend für die schlimmen Folgen, die das Trauma auf das Selbstwertgefühl haben kann. Sobald jedoch das Kind beginnt, das Trauma nicht nur mit Worten und Gesprächen, sondern auch mit »Taten« zu verarbeiten, ist ein weiterer Schritt im Heilungsprozess getan.

- Schreiben

Wenn Ihr Kind schon schreiben kann, könnte es Tagebuch schreiben. Oder aber es berichtet in Briefen Verwandten, Freunden oder sich selbst (ein Brief an die »Zukunft«) von den schrecklichen Erlebnissen. Vielleicht will es einen Brief an eine Kinder- oder Jugendzeitschrift schreiben, in dem es andere Kinder vor gewissen Gefahren warnt.

Briefe müssen nicht immer abgeschickt werden. Man kann auch

Menschen, die bereits gestorben sind, Briefe schreiben. Die können am Grab hinterlegt, für später aufgehoben, in einem besonderen Album gesammelt oder aber in einer kleinen Zeremonie verbrannt werden. Oder Ihr Kind möchte einen Brief an den »Täter« (Unfallverursacher, Missbraucher), an Gott oder an das schreckliche Feuer schreiben. Lassen Sie jeden Einfall Ihres Kindes zu! Wichtig ist, dass Ihr Kind die eigenen Gefühle, Wünsche, Hoffnungen und auch Wut ausdrücken kann. Dabei ist es nicht wichtig, ob die Briefe ihre Adressaten tatsächlich erreichen. Überlassen Sie es auch Ihrem Kind, ob es das Geschriebene für sich behalten oder ausgewählten Personen vorlesen möchte.

Ein eigenes Traumatagebuch wäre eine weitere Möglichkeit, wie Ihr Kind die Gefühle und Gedanken festhalten und somit »unter Kontrolle« kriegen kann. Mögliche Themen für ein solches Traumatagebuch:

- Was geschah (Beschreibung des traumaauslösenden Ereignisses).
- Wie es mir dabei ging.
- Wer mir geholfen hat.
- Was ich mir gewünscht hätte.
- Wie ich vorher war.
- Meine Erfolge/Triumphe/Stärken vor dem Geschehen.
- Wie es mir nach dem Trauma ging.
- Träume, die ich seitdem habe.
- Gedanken, die ich während des Tages habe (und die ich hier aufschreibe, damit sie »weg« sind und mich nicht immer stören).
- Was ich mir für die Zukunft wünsche.
- Wie kann ein solches Ereignis in Zukunft verhindert werden.
- Was ich gelernt habe.
- Was noch geschehen muss, damit es mir besser geht.

Oder das Tagebuch wird genutzt, um die langsame Genesung vom Trauma zu protokollieren. Erklären Sie Ihrem Kind, dass es manchmal hilft, Dinge aufzuschreiben. Und später kann man damit verfolgen, wie es einem ergangen ist – und wie weit man schon gekommen ist.

Auch Ängste und Sorgen lassen sich durch Schreiben besser bewältigen. Wenn Ihr Kind Gedanken hat, die es von anderen Dingen abhalten, die es am Schlafen oder am Konzentrieren hindern, dann geben Sie die folgende Instruktion: »Schreibe solche Gedanken und Sorgen auf ein Blatt. Dann können sie nicht mehr fortlaufen und sie stehen immer da. Du kannst verfolgen, was aus ihnen wird. Morgen nimmst du das Blatt, auf dem du die Sorge aufgeschrieben hast, und schreibst dazu, was dir einfällt. Dann legst du das Blatt wieder fort, damit die Gedanken in Ruhe ›reifen‹ können. Am nächsten Tag nimmst du das Blatt wieder vor und schreibst dazu, was dir an dem Tag einfällt. So entwickeln sich die Sorgen und Gedanken langsam und wenn du mehrere Tage oder Wochen einen Gedanken begleitest, wird sich nach einiger Zeit eine Lösung zeigen!«

Kreativen Kindern fällt möglicherweise eine Geschichte ein, in der Gefühle oder das Trauma selbst dargestellt werden. Dabei hat das Kind die Chance, ein anderes Ende zu wählen. Es kann in dieser Geschichte die Hilfe oder die eigene Reaktion dazuholen, die es sich gewünscht hätte. Oder aus der Geschichte wird ein ganzes Buch. Wenn Ihr Kind ein Gedicht schreiben will, wunderbar!

- **Malen**

Gefühle und Erlebnisse lassen sich auch hervorragend bildlich ausdrücken. Wahrscheinlich sind die Bilder, die Ihr Kind seit dem Trauma malt, ohnehin ganz anders als die unbeschwerten Bilder aus der Zeit davor. Kritisieren Sie diese Bilder nicht! Auch wenn sie Ihnen gar nicht mehr gefallen, weil sie düster, makaber oder »gekritzelt« sind, freuen Sie sich, dass Ihr Kind einen Weg gefunden hat, die inneren Gefühle herauszulassen. Fragen Sie nach, lassen Sie sich die Bilder erklären – allerdings nur, wenn Ihr Kind dies will.

- **Musik**

Besonders bei Jugendlichen hat Musik einen hohen Stellenwert. In der Musik können sie Gefühle erleben, die ihnen sonst nicht so leicht zugänglich sind. Ein trauriges Lied löst Tränen aus, lebhafte Rhythmen geben dem Kind Energie, andere Musik macht wütend.

Falls Ihre Jugendliche oder Ihr Jugendlicher sich nur noch im Zimmer aufhält mit lauter Musik (oder auch mit Kopfhörern), zeigen Sie Interesse. Fragen Sie, was für Musik das ist und welche Gefühle Ihr Kind dabei empfindet. Hören Sie unvoreingenommen zu und lassen Sie sich auch die Texte zeigen. Denken Sie daran – Geschmack ist persönlich. Sie müssen die Musik nicht mögen, aber Sie sollten sie respektieren, so wie sie die Freunde Ihres Kindes respektieren. Falls die Texte Sie abstoßen, weil sie zum Beispiel zu Gewalttaten auffordern, äußern Sie Ihre Sorgen und suchen Sie das Gespräch (s. a. Kapitel »Wut, Aggression ...«).

Sehr oft wird Musik auch zum Entspannen eingesetzt. Beim Musik hören (und auch beim Musik machen) kann man für Momente der Wirklichkeit entrücken. Bei so viel »Traumaverarbeitung«, zugelassenen Gefühlen, Erinnerungen und Sorgen muss Ihr Kind auch immer wieder Momente der Entspannung und Ruhe erfahren, wenn es nicht krank werden soll.

- **Projekte**

Neben dem Schreiben, dem Malen und der Musik gibt es noch viele weitere Möglichkeiten, wie sich Ihr Kind kreativ mit dem Trauma auseinander setzen kann. Vielleicht möchte es ein Video basteln aus alten Aufnahmen, in dem ein verstorbenes Familienmitglied im Zentrum steht. Oder ein Theaterstück aufführen. Eine Gedenkveranstaltung planen oder organisieren. Eine Aktion entwerfen, in der andere Kinder vor gewissen Gefahren gewarnt werden. Eine Demonstration oder einen Protest arrangieren. Eine Collage aus Fotos zusammenstellen. Etwas basteln. Ein Vogelhäuschen zimmern, um es als Andenken in den Garten zu stellen. Etwas schnitzen. Die Briefmarkensammlung des verstorbenen Bruders sortieren und neu ordnen. Kleidung färben. Nähen oder stricken. Im Garten etwas pflanzen. Das Zimmer neu gestalten. Es ist nicht so wichtig, was Ihrem Kind einfällt, wichtig ist, dass es etwas tut und sich so mit dem Trauma auseinander setzt.

Entspannung

Entspannung bietet ein wichtiges Gegengewicht zur Anspannung und Belastung, dem Traumabetroffene ausgesetzt sind. Der Körper braucht Momente (Stunden) der Erholung. Je jünger das Kind, desto wichtiger ist dies, desto weniger kann aber das Kind selbst für die nötige Entspannung sorgen. In diesem Kapitel finden Sie eine Menge Anregungen zu verschiedenen Bereichen – die alle wichtig sind. Wählen Sie von den Übungen und Spielen die aus, die Ihrem Kind Spaß machen könnten.

- Schlaf

Ausreichender Schlaf ist extrem wichtig. Je unausgeschlafener und müder ein Mensch ist, desto schwächer wird das Immunsystem. Ihr Kind ist physisch und psychisch anfälliger, je weniger es schläft. Achten Sie auf die Einschlafzeiten und führen Sie, wenn Sie es nicht sowieso tun, Einschlafrituale (warmes Bad, Vorlesen, Kuscheln etc.) ein. Aber beachten Sie auch, dass man Schlaf nicht »befehlen« kann. Druck und Strafe machen das Einschlafen nur noch schwieriger. Versuchen Sie lieber, Ihr Kind zu »beruhigen« (z. B. durch Entspannungsgeschichten) oder durch ein festes Ritual.

Normalerweise wird Eltern empfohlen, Ihre Kinder alleine einschlafen zu lassen (sonst werden sie zu abhängig von den Eltern, die ja vielleicht nicht immer die Zeit oder Ruhe haben, um den Einschlafprozess zu überwachen). Wenn dies Probleme macht, dann sollen Eltern – natürlich erst nach dem Gute-Nacht-Ritual – das Zimmer verlassen mit der Erklärung, dass es Zeit zum Einschlafen ist. Wenn das Kind beginnt zu schreien oder zu weinen, sollte man nach einigen Minuten wiederkommen und nochmals beruhigende Worte sagen, aber dann das Zimmer erneut verlassen, wieder mit der Erklärung, dass das Kind alleine einschlafen wird. Diese Strategie, in Abständen von einigen Minuten kurz erscheinen und dann wieder gehen, braucht meist nur wenige Abende durchgeführt zu werden und das Kind lernt, alleine einzuschlafen.

Bei Kindern, die ein Trauma erlebt haben, ist diese Strategie möglicherweise nicht empfehlenswert. Es kommt aber auf die Situation und ihr Kind an. Je nachdem ist es durchaus im Sinne des Kindes, wenn es einige Zeit im Zimmer der Eltern schlafen darf. Im Augenblick kommt es darauf an, Ihr Kind vor zusätzlichen Ängsten oder Panikattacken zu bewahren. Fragen Sie Ihr Kind, was ihr oder ihm helfen würde. Besprechen Sie sich eventuell mit der behandelnden Ärztin oder dem Psychologen.

Wenn die genannten Rituale (warmes Bad, Gute-Nacht-Geschichte usw.) nicht helfen, probieren Sie eine der Entspannungsübungen oder Geschichten, wie sie weiter unten beschrieben werden. Auch das ruhige Atmen kann helfen. Am Besten sollte das Kind etwa eine Stunde vor der Schlafenszeit schon aufhören zu toben oder wilde Sachen zu machen. Wenn Ihr Kind selbst unglücklich ist, weil es nicht schlafen kann, nehmen Sie etwas von dem Druck, indem Sie versichern, dass sich der Körper auch beim ruhigen Liegen vom Tag erholen kann.

Ältere Kinder mögen von Tricks profitieren, die sich bei Erwachsenen bewährt haben: ein Notizbuch neben das Bett legen und Gedanken, Sorgen oder Ideen aufschreiben, damit sie erst einmal festgehalten sind und nicht die ganze Nacht im Kopf kreisen müssen. Statt sich hin- und her zu wälzen ist es ratsamer aufzustehen und etwas Nützliches zu tun (etwa die Strumpfschublade aufzuräumen).

Im Folgenden finden Sie eine Entspannungsgeschichte, die so oder von Ihnen variiert, dem Kind beim Einschlafen helfen kann. Probieren Sie es einfach aus, dann werden Sie merken, ob sich Ihr Kind dabei beruhigt oder nicht. Eine solche Übung muss mit sehr ruhiger Stimme vorgetragen und angeleitet werden, Druck oder Eile machen sie wirkungslos. Das Kind soll möglichst die Augen schließen, während Sie sprechen und einfach nur zuhören. Wenn es auf Ihre Fragen lange Antworten geben will, dann lassen Sie die Fragen (»Kannst du es sehen?«) lieber weg.

Alle Räder kommen zum Stillstand

Stell dir einen Fernsehbildschirm vor, darin siehst du ein Bild von dir. Die Kamera kommt immer näher und richtet sich auf deine Füße. Siehst du sie? Jetzt ist die Kamera ganz nah an deinen Füßen. Deine Füße sind nackt, ohne Strümpfe, du wackelst mit den Zehen. Kannst du es im Bildschirm sehen? Jetzt kann man durch die Haut in das Innere deiner Füße sehen. Da sind lauter kleine Handwerker, die sitzen an großen Maschinen, an Zahnrädern, Hähnen und Schrauben, die rennen Treppen rauf und runter, um Schrauben festzudrehen und Räder in Gang zu halten. Das ist ein Treiben! Wie in einer großen Fabrik. Kannst du es dir vorstellen? Einer legt einen Hebel um, ein kleines Pfeifen ertönt und ein Rad hört langsam auf, sich zu drehen. Die Arbeiter kommen von den Leitern herunter und schrauben alle Hähne zu. Die Räder werden immer langsamer, sie quietschen und schnarren und hören ganz auf. Die Arbeiter strecken sich und legen sich zur Ruhe. Sie gähnen und machen die Augen zu. Jetzt ist alles ganz ruhig in deinen Füßen, sie sind ganz schwer und warm.

Das Bild im Fernsehen geht jetzt langsam hoch zu deinen Beinen. Siehst du die Beine im Bildschirm? Da herrscht noch Hochbetrieb. Es ist genauso wie es bei deinen Füßen war. Alle Arbeiter rennen hektisch herum und drehen an Schrauben, an Rädern, Hebeln und Hähnen. Ein kleiner Aufzug rast hoch und runter. Viele Knöpfe leuchten rot und grün auf. Es zischt und dampft und rattert. Da ertönt ein leises aber langes Tuten und die Arbeiter stellen zunächst die Hebel um, die den Dampf rauslassen. Es hört auf zu dampfen. Dann drehen die Arbeiter die Hähne zu und die Räder werden langsamer. Die Knöpfe hören auf zu blinken und man hört keine Geräusche mehr. Alle Räder stehen still. Die Arbeiter gähnen und strecken sich. Es ist Zeit sich zur Ruhe zu legen. Die Arbeiter gehen schlafen und jetzt ist alles ganz still in deinen Beinen. Sie sind warm und schwer.

Machen Sie so weiter und lassen Sie alle Arbeiter und alle Räder zur Ruhe kommen: im Bauch, im Rücken, in den Armen, in den Händen, zuletzt im Kopf.

Schließen Sie:

Jetzt ist alles ruhig in dir. Alle Arbeit ruht, kein Rad bewegt sich. Es ist dunkel und warm. Der Bildschirm wird immer dunkler bis du nichts mehr erkennen kannst. Dann machst du den Fernseher aus.

- **Ernährung**

Eine ausgewogene Ernährung ist besonders wichtig. Ein Mangel an gesunder, vitaminreicher und frischer Nahrung hat Auswirkungen auf das Befinden, die Abwehrkräfte und die Gesundheit insgesamt. Achten Sie darauf, dass Ihr Kind regelmäßig und ausreichend isst, wobei gesunde Nahrung (viele Vitamine und frische Produkte, wenig tierische Fette, wenig Schadstoffe und wenig raffinierter Zucker) im Vordergrund stehen sollte.

Tendiert Ihr Kind dazu, Essen zur Bekämpfung von schlechten Gefühlen einzusetzen? Isst es, um sich zu trösten? Oder hungert sie oder er, um ein Gefühl von Kontrolle zu erlangen? Machen Sie es ähnlich? Bemühen Sie sich, ein gutes Vorbild zu sein und reden Sie mit Ihrem Kind über die Gefühle, die es bekämpfen will. Reden ist besser als Essen! Setzen Sie Essen (Bonbons, Schokolade, Eis) niemals zum Trösten ein! Gemeinsame Zeit ist sehr viel tröstlicher und effektiver!

Falls Ihr Kind keinen Appetit hat und Sie sich Sorgen machen, ob es überhaupt genug Nahrung zu sich nimmt, beraten Sie sich mit dem Arzt oder der Ärztin des Kindes. Hier sind einige Ideen für leckere Mahlzeiten, die Kindern Spaß machen, gesund sind und so schnell gehen, dass sie auch für Eltern, die selbst gestresst und traumatisiert sind, machbar sind:

Fruchtshake
Kaufen Sie frisches Obst (z. B. Bananen oder Erdbeeren), nehmen Sie Milch, ein Päckchen Vanillezucker und ein paar Eiswürfel und tun Sie alles in einen elektrischen Mixer. Heraus kommt ein köstlicher schaumiger Eisshake, der besser ist als in jedem Eissalon.

Pizza
Bereiten Sie den Pizzateig vor oder kaufen Sie einfach einen Fertigteig oder eine gefrorene Käsepizza und stellen Sie in kleinen Schüsselchen Zutaten bereit: Käse, Tomatenscheiben, Oliven, Pilze, Ananas oder was Ihr Kind sonst mag. Lassen Sie es dann die Pizza selbst dekorieren und belegen und schieben Sie sie gemeinsam in den Ofen.

Eierkuchengesichter
Wenn Sie die Eierkuchen nicht selbst machen wollen, kaufen Sie fertige Eierkuchen im Supermarkt. Lassen Sie dann Ihr Kind die Eierkuchen selbst belegen oder, wenn die Kinder nicht motiviert

oder zu klein sind, belegen Sie sie: mit Apfelmus als Haar, Kirschen als Augen, mit einer Banane als Nase und Apfelstücken als Mund oder Zähne. Der nächste Eierkuchen könnte eine Lok sein oder ein Auto (nehmen Sie auch Lebensmittelfarben zu Hilfe, wenn das die Kinder zum Essen verleitet).

Dekorierte Brezeln
Kaufen Sie Brezeln oder Brotstangen zum Aufbacken aus der Tiefkühltruhe. Wenn diese leicht angetaut sind, lassen Sie sich vor dem Backen dekorieren: mit Salz, Sesam- oder Mohnsamen, Sonnenblumenkernen etc. Dann müssen sie nur noch gebacken werden und können in eine leckere Joghurt- oder Senfsauce getunkt werden.

Do-it-yourself-Salat
Wenn Ihr Kind Salat mag, stellen Sie ein Büfett auf, wo sich jedes Familienmitglied den Salat selbst zusammenstellen kann: Dabei dürfen dann auch ein paar Zutaten sein, die den Kindern Spaß machen: Mandeln, Mandarinenstückchen, Croutons, Käsewürfel, Schinkenstreifen.

Der Trick ist, die Kinder nicht einfach vor gefüllte Teller zu setzen, sondern sie dazu zu animieren, ihr Essen selbst nach eigenen Wünschen zu gestalten. Wenn die Vorbereitung Spaß macht, landet das Essen hinterher vielleicht auch im Magen.

- **Lachen**
Trotz aller Trauer, Sorge oder Angst muss Ihr Kind auch wieder Spaß haben. Nichts ist so heilsam wie Lachen! Seien Sie nicht böse auf Ihr Kind oder vorwurfsvoll, wenn es lacht, auch wenn es Ihnen unpassend oder befremdlich erscheint. Viele Kinder können mit Trauer so wenig umgehen, dass sie aus Verwirrung oder Überwältigung sogar bei Beerdigungen lachen (wobei es sich dabei selten um wirklich freies, lustiges Lachen handelt). Freies Lachen löst chemische Reaktionen im Gehirn aus, die Ihrem Kind helfen, wieder glücklich und »heil« zu werden.

Was hat Ihren Kindern früher Spaß gemacht? Fragen Sie doch, ob Ihr Kind nicht einmal zusammen mit Ihnen den Lieblingsfilm aus früheren Tagen ansehen oder zum Freizeitpark gehen möchte. Natürlich können Sie Ihrem Kind nicht »befehlen«, lustig zu sein, aber schon ein kleiner Anflug von Vergnügen ist besser als stete Trauer.

Tatsächlich gelingt es Kindern – je jünger desto eher –, trotz aller Belastungen relativ leicht – zumindest für eine gewisse Zeit – ihre Sorgen zu vergessen. Unterstützen Sie solche Momente und arrangieren Sie Gelegenheiten an denen Ihre Kinder Spaß haben, zum Beispiel:
- lustige Filme (je unverfänglicher und alberner um so besser),
- gemeinsame Ausflüge,
- Gesellschaftsspiele,
- harmlose Kitzelspiele,
- Zoo-, Zirkus-, Kino-, Theaterbesuche,
- witzige Geschichten erfinden,
- lustige Bücher lesen.

- **Sport**

Wenn Ihr Kind sich »austobt«, werden jedes Mal Hormone ausgeschüttet, die dem Kind zu ein wenig mehr »Glück« verhelfen. Außerdem wird es sich gut und stark fühlen. Es ist möglich, dass Ihr Kind nach einem Trauma gerade gar keine Lust auf »Sport« hat. Machen Sie nicht zu viel Druck, aber lassen Sie das Ziel nicht aus dem Auge. Täte etwas Sport Ihnen selbst auch gut? Dann planen Sie doch einfach einen Besuch im Schwimmbad und laden Ihr Kind mit dazu ein! Und vielleicht hat Ihr Kind ja doch Lust auf einen Tenniskurs, Reitstunden oder auch Boxunterricht.

Benutzen Sie einen kleinen »Trick«, der erlaubt ist, wenn ein Stückchen Wahrheit darin steckt: Bewegung täte Ihnen sicher auch gut – sie tut uns allen gut. Aber es ist schwer, die nötige Disziplin zu finden und deshalb suchen sich viele Menschen einen Partner, der sie »bei der Stange« hält. Bitten Sie also Ihr Kind, Ihnen zu helfen, gemeinsam ist es eben leichter. Morgens ein wenig Strecken und Gymnastik, ein paar Yogaübungen auf der Matte oder ein regelmäßiges Programm auf dem Heimtrainer – wenn man sich nicht zu viel vornimmt (und so Frustration vorprogrammiert), macht es am Ende sicher Spaß!

Ein schöner gemeinsamer Spaziergang fördert nicht nur die Durchblutung und ruhige Atmung, er dient auch dem Zusammengehörigkeitsgefühl und dem Erleben der Natur. Sie können Ihrem Kind nicht »befehlen«, die Natur zu genießen, aber Sie können selbst die Natur auf sich wirken lassen und dies Ihrem Kind mitteilen. Denken Sie immer daran, dass Sie Vorbild sind und sich Ihr Kind in vielem nach Ihnen richten wird.

- **Pläne machen**

Nach einem Trauma ist die Vergangenheit so präsent, dass sich das Kind kaum auf die Gegenwart, geschweige denn auf die Zukunft konzentrieren kann. Wenn Sie Ihr Kind fragen, wie es sich die Zukunft vorstellt, wird es womöglich gar nicht antworten wollen oder können. Wer die Gegenwart als grau und trostlos erlebt, kann auch keine Hoffnung für die Zukunft entwickeln. Und doch ist es der Glaube an die Zukunft, der Menschen motiviert und Kräfte weckt.

Wenn Ihr Kind sich nicht vorstellen kann, dass in einem Jahr alles wieder gut sein wird, dann beginnen sie mit kleinen Schritten. Fragen Sie, was Ihr Kind gern nächstes Wochenende essen würde. Machen Sie eine Einkaufsliste und binden Sie Ihr Kind in die Vorbereitungen ein. Planen Sie einen Ausflug. Wenn Ihr Kind alt genug ist, kann es entsprechende Züge heraussuchen, einen Zeitplan für den Tag aufstellen oder die Sehenswürdigkeiten im Ausflugsgebiet heraussuchen. Denken Sie schon jetzt an den nächsten Geburtstag, die Sommerferien oder Weihnachten. Machen Sie keinen Druck (»Jetzt sag mir doch endlich, was du dir zu Weihnachten wünschst!«), sondern werfen Sie kleine Köder aus (»Guck mal, hier habe ich einen Prospekt mit Kinderhotels in den Alpen. Gefällt dir da was, vielleicht könnte man mal einen Urlaub dort planen?«). Lassen Sie Ihr Kind sein »Traumhaus«, ein »Kinderparadies« oder die ideale Stadt entwerfen. Wie stellt es sich einen Tag vor, in dem alles so wäre, wie es Kindern gefällt?

Achten Sie aber darauf, dass sich das Kind keine Ziele setzt, die zu schwer sind. Wir alle werden durch Erfolge und kleine Schritte motiviert, das gilt ganz besonders für Kinder. Misserfolge hingegen frustrieren und demotivieren uns. Sich vorzunehmen, bis zum Jahresende Klassenbester zu werden, ist zu langfristig und birgt die Gefahr, das Ziel zu verfehlen. Besser ist es, sich in kleinen Schritten Ziele für den nächsten Tag, die nächste Woche oder den nächsten Monat zu setzen, die dann auf ein größeres Ziel hinführen können.

- **Konzentrationsübungen**

Haben Sie Verständnis dafür, dass Ihr Kind nach einem Trauma vergesslicher und unkonzentrierter ist als vorher. Es ist sicherlich leicht abgelenkt und verliert schnell das Interesse an Dingen. Oder es lässt Sachen fallen, passt nicht richtig auf und verschüttet ein Glas. Da hilft nicht böse zu werden, machen Sie lieber kleine Übungen, bei denen das Kind gerne »bei der Sache« bleibt und so langsam wieder lernt sich zu konzentrieren. Hier einige Vorschläge, aber vielleicht fällt Ihnen noch etwas anderes ein: Puzzles mit vielen Teilen (je nach Alter) – beim Puzzlen »vergisst« man für eine gewisse Zeit alle Sorgen, die einen quälen. Es eignet sich auch bei Erwachsenen sehr gut als meditative Gedankenberuhigung. Weitere Ideen:
- Mandala-Malen,
- Basteln,
- Spiele, bei denen man sich an Bilder oder Gegenstände »erinnern« muss (Memory, Nanu etc.),
- Wortspiele, wie »Ich packe meinen Koffer und nehme eine Zahnbürste mit« (und mit jeder Runde kommt ein Objekt dazu, wobei man alle bisher genannten Gegenstände immer wieder mit aufsagen muss).
- Ein anderes Spiel: Ein Spieler erzählt irgendetwas: eine Geschichte oder einfach ein Erlebnis. Dabei darf der Erzähler ein bestimmtes Wort (oder Buchstaben) nicht benutzen, zum Beispiel das Wort »und«. Das erfordert viel Konzentration! Die anderen müssen sich auch konzentrieren, denn sie müssen ja kontrollieren, ob der Spieler es richtig macht.
- Fehler finden: In vielen Kinderzeitschriften gibt es Rätsel, bei

denen man zwei Bilder vergleichen und die Unterschiede finden muss. Man muss schon sehr genau hingucken – auch das ist eine Konzentrationsübung.
- Suchbilder: Auf diesen Bildern gibt es viele Gegenstände oder auch Personen, die man in sehr komplexen und unübersichtlichen Bildern entdecken soll. Das macht Spaß und ermöglicht Erfolgserlebnisse.
- Geschicklichkeits- und Geduldübungen: Es gibt in Spielzeugläden zahlreiche Spiele, die Geschicklichkeit und Geduld erfordern (Kugeln durch ein Labyrinth oder in ein bestimmtes Loch rollen lassen, einen Turm aufbauen, Mikado usw.). Wichtig dafür ist allerdings, dass Ihr Kind die Frustration, wenn es zunächst nicht gelingt, ertragen kann, sonst eignen sich diese Spiele nicht.

- **Yoga/Autogenes Training**

Yoga ist durchaus für Kinder geeignet und viele Einrichtungen bieten besondere Kinderkurse an. Es macht den Kindern Spaß, die Schlange, den Löwen oder die Katze zu machen. Sie lernen Geduld, Ausdauer und Körperbeherrschung. Zudem integriert Yoga eine tiefe und richtige Atmung in die Übungen. Yoga beruhigt und entspannt. Lassen Sie Ihre Kinder selbst entscheiden, ob Yoga das richtige für sie ist. Natürlich kann man sich auch ein Buch kaufen und die Übungen nach den Anleitungen machen – das ist besser als nichts. Der Vorteil eines Kurses ist natürlich, dass auch andere Kinder dabei sind und dass die Ruhe, die vom Setting, dem Raum und dem oder der Lehrerin ausgeht voll zur Wirkung kommt.

Auch autogenes Training sollte zunächst einmal von Experten beigebracht werden. Durch ruhige Atmung und durch die Konzentration auf einzelne Körperteile sowie auf Empfindungen wie Wärme und Schwere lernt man, sich zu beruhigen. Wer diese Technik beherrscht, kann sie später auch alleine anwenden, um in Stresssituationen oder bei Angstanfällen wieder zur Ruhe zu kommen.

- **Atmung**

Bei Unruhe und Angstanfällen sollten Sie Ihr Kind auf die Atmung aufmerksam machen. Das Atmen zu beruhigen hat zwei positive

Auswirkungen: Zum einen verlangsamen wir mit dem Atmen auch gleichzeitig unsere physiologische Angstreaktion, zum anderen bewirkt die Konzentration auf das Atmen, dass wir uns in Gedanken weniger mit dem beschäftigen können, was uns Angst macht. Warten Sie aber nicht bis zu einem Panikanfall mit den Atemübungen, sondern üben Sie diese regelmäßig, so dass sie zur Routine werden (und dann im Notfall leicht abgerufen werden können).

Bauchatmung
Das Kind legt sich auf den Rücken und lässt eine Hand auf der Brust, die andere auf dem Bauch ruhen. Wenn sich nur die Hand auf der Brust hebt, atmet das Kind falsch. Es soll deshalb darauf achten, dass beim Einatmen der Bauch langsam die Hand nach oben hebt wie bei einem aufgeblasenen Ballon. Zählen Sie langsam bis 3 beim Einatmen, das Ausatmen kann etwas länger dauern. Diese Übung sollte einige Minuten dauern. Wenn das Kind das Prinzip verstanden hat, kann die Bauchatmung auch im Stehen oder Sitzen durchgeführt werden. Vielleicht gewöhnt es sich ja die Bauchatmung ganz an.

Qi Gong
Die folgende Übung kommt aus der chinesischen Bewegungstechnik Qi Gong und eignet sich hervorragend, das Kind zu »beruhigen«. Sie können Ihr Kind folgendermaßen anleiten:
»Stell dich ganz entspannt hin und stell dir vor, es liegt ein großer Luftballon vor dir. Wenn du einatmest legst du deine Hände auf den Luftballon und stellst dir vor, wie sich mit deinem Atem der Luftballon aufbläst und deine Hände hoch hebt. (Achten Sie darauf, dass das Einatmen mehrere Sekunden dauert und sich die Hände Ihres Kindes bis ungefähr Schulterhöhe heben.) Beim Ausatmen presst du dann mit den Händen langsam die Luft wieder aus dem Ballon, bis die Hände wieder nach unten hängen. Beuge deine Knie dabei ein wenig.« (Auch das Ausatmen dauert mehrere Sekunden.)
Lassen Sie Ihr Kind diese Übung mehrmals wiederholen.

Die Atmung lässt sich auch einsetzen, um eventuelle »böse Gedanken« loszuwerden. Falls Ihr Kind Schmerzen hat oder Sorgen, Rachegefühle oder Ängste, sagen Sie Ihrem Kind, dass es seine Sorgen beim Ausatmen aus sich heraus atmen soll. Natürlich sind diese Gefühle dann nicht ganz weg, sie kommen möglicherweise wieder, aber dann werden sie eben wieder ausgeatmet. Das »Gift« muss nicht im Körper bewahrt werden, sondern es kann immer wieder aufs Neue ausgestoßen werden. Beim Einatmen soll das Kind dann positive Energie einatmen, zum Beispiel in Form der Lieblingsfarbe. Es soll sich vorstellen, wie diese Farbe in den Körper einströmt und alle Gliedmaßen erreicht.

Bei den ganz Kleinen kann man durch körperliche Berührung auf die Atmung und somit den Puls Einfluss nehmen. So hat sich gezeigt, dass Erwachsene, die Babys im Arm schaukeln, ganz automatisch einen Rhythmus von ungefähr 80 Bewegungen pro Minute erreichen, was einem ruhigen Puls entspricht. Babys passen sich dem dann an.

- **Progressive Muskelentspannung**

Die Idee hinter der progressiven Muskelentspannung kommt aus der Physik. Wenn sich ein Körper in eine Richtung bewegt, schlägt er danach um so weiter in die andere Richtung aus. Das bedeutet, dass sich kurz angespannte Muskeln danach deutlich entspannen. Probieren Sie es und kreuzen Sie Ihre Arme über der Brust und spannen sich einige Sekunden in Brust und Armen fest an. Lassen Sie dann Ihre Arme locker fallen. Spüren Sie die Leichtigkeit?

Üben Sie die progressive Muskelentspannung öfter, vielleicht vor dem Schlafengehen. Das Kind liegt auf dem Rücken (später kann man die Übung auch im Sitzen oder Stehen durchführen), es ist ruhig im Zimmer und dunkel. Hier eine mögliche Anleitung, die mit ruhiger Stimme, mit vielen Pausen, vorgetragen werden sollte:

»Balle die rechte Hand zur Faust und drücke ganz fest zu, als ob du eine Kartoffel zerquetschen willst. Dann lass die Hand locker, die Kartoffel rollt fort. Balle jetzt die linke Hand zur Faust und zerdrücke eine Kartoffel. Dann lass die Kartoffel fortrollen. Deine Hand wird ganz locker. Balle jetzt beide Hände zu Fäusten. Und nun lass die Fäuste los.«

Setzen Sie die Anleitung fort und lassen Sie möglichst viele Muskeln anspannen: In den Schultern, im Nacken, im Gesicht (Mund zusammenpressen, Augen zusammenkneifen, Stirn krausen, das ganze Gesicht verziehen), im Bauch, der Po, die Beine, die Füße, die Zehen. Lassen Sie sich – wenn möglich – Bilder dazu einfallen. Enden Sie so oder ähnlich:

»Jetzt spann noch einmal den ganzen Körper an. Alles ist angespannt: Beine, Bauch, Schultern, Hände und Arme, Hals und Gesicht. Halt alles fest, ganz fest. Und jetzt lass los! Alles entspannt sich und wird warm. Die Wärme strömt durch deinen Körper, durch Füße, Beine, Po und Bauch, Arme und Hände über die Schultern bis hoch ins Gesicht. Du fühlst dich wohl. Und ganz langsam kommst du jetzt wieder zu dir. Nimm dir Zeit. Strecke dich, wenn du willst, oder gähne oder bleib noch etwas liegen. Und dann öffne die Augen!« (Wenn das Kind danach einschlafen soll, lassen Sie natürlich den letzten Satz weg!)

- **Entspannungsgeschichten**

Entspannungsgeschichten eignen sich zum einen zur physiologischen Beruhigung des Kindes. Ähnlich wie bei der progressiven Muskelentspannung kann man in die Geschichte Hinweise auf das körperliche Befinden einbauen und das Kind Gliedmaß für Gliedmaß Wärme und Schwere empfinden lassen, bis sich der ganze Körper wohlig warm und schwer anfühlt. Oder aber man benutzt die Geschichte, um eine Mut machende oder tröstende Fantasie einzuüben, die das Kind sich in schwierigen Momenten zurückrufen kann. Im Folgenden finden Sie drei entsprechende Beispiele. Schmücken Sie die Geschichten gern weiter aus.

Mein Drachenfreund

Du liegst auf einer Wiese. Es ist Sommer und der Wind bläst leise und sanft durchs Gras. Die Sonne wärmt deinen Körper. Du räkelst und streckst dich. Da hörst du ein komisches Geräusch, ein Surren in der Luft. Das Surren wird immer lauter. In dieser Geschichte – aber nicht in Wirklichkeit! – öffnest du die Augen und siehst einen großen, bunten Drachen in der Luft. Er fliegt genau über dich, und du denkst: Der sieht aber gar nicht böse aus. Er sieht sogar ganz nett aus.

Der Drache fliegt ein paar mal im Kreis über dir und lässt sich dann langsam auf die Wiese neben dich gleiten. Er sieht lustig aus, ganz bunt. Welche Farben hast du gerne? So stellst du dir deinen Drachen vor, vielleicht sogar mit verschieden Farben für Kopf, Körper und Schwanz.

Das schönste an ihm sind seine Augen: Sie sind leuchtend grün, wie Smaragde.

Während du ihn noch bewundernd ansiehst, öffnet er seinen Mund und sagt: »Hallo. Ich habe gehört, dass du manchmal Angst hast. Ich bin gekommen, um dir meine Hilfe anzubieten!«

»Wie soll das gehen? Wie willst du mir helfen?«, fragst du ihn.

»Nun, ich bin ein großer, starker Drache, der vor niemandem Angst hat. Ich biete dir an, dich zu beschützen. Wenn du Angst bekommst, rufe nach mir und ich werde kommen und dir beistehen!«

Das findest du toll! Mit so einem Drachen neben dir wirst du keine Angst mehr haben. Vorsichtig streckst du deine Hand aus und streichelst ihn. Seine Haut fühlt sich ganz weich und samtig an. Er bläst vor Wonne seinen heißen Atem aus und dir wird ganz warm. Aber wie sollst du ihn rufen? Denk dir selbst einen Namen für ihn aus.

Jetzt muss der Drache wieder fort. Du streichelst ihn ein letztes Mal und nennst ihn beim Namen. Tschüss! Von nun an weißt du, du brauchst nur die Augen zu schließen und ihn zu rufen, dann kommt er zu dir. Er wird ein guter und starker Freund sein!

Der Drache steht auf und fliegt davon. Zum Abschied wackelt sein Schwanz. Du winkst ihm nach.

Jetzt öffne die Augen und komme wieder zu dir!

Am Strand
Stell dir vor, du liegst am Strand. Es ist ein Sommertag und es ist heiß! Die Sonne steht hoch am Himmel und hat den Sand schon ganz warm gemacht.

Du spürst den Sand unter dir. Deine Füße graben sich in den warmen Sand ein und werden selbst ganz warm. Deine Augen sind geschlossen und du atmest ganz tief. Beim Atmen hebt und senkt sich dein Bauch. Du atmest ganz gleichmäßig.

Deine Beine und Arme berühren den warmen Sand. Sie werden selbst ganz warm. Dein Rücken schmiegt sich auch in den warmen Sand, er hat sich eine gemütliche Mulde gemacht. Von unten spürst du die Wärme des Sandes, von oben die Wärme der Sonne. So ist es gemütlich!

Hörst du die Wellen? Das Meer rauscht und irgendwo kreischt eine Möwe. Am Horizont segeln ein paar Schiffe übers Meer und entfernt hört man Kinder spielen. Aber im Moment möchtest du nicht spielen, sondern nur hier liegen und dich bescheinen lassen von der Sonne. Auch dein Kopf ist warm. Die Strahlen der Sonne berühren dein Gesicht, deine Augen und deine Stirn.

Du atmest weiter ganz regelmäßig. Du hast dich wunderbar ausgeruht. (Hier Schluss, wenn das Kind einschlafen soll, sonst weiter): Jetzt kannst du langsam wieder deine Arme und Beine bewegen. Strecke und recke und räkele dich. Mach langsam die Augen wieder auf und du fühlst dich wieder frisch und voller Energie!

Der Zauberanzug
Stell dir vor, du siehst in einem Spielzeuggeschäft einen ganz besonderen Anzug, der sieht aus wie ein leuchtend blauer Skianzug. Er sieht so kuschelig und gemütlich aus und leuchtet so schön, du möchtest ihn dir anziehen. Schließe die Augen und stell dir vor:

Du ziehst zuerst das rechte Bein an und merkst, dass dein rechtes Bein ganz ruhig und warm wird. Dann schlüpfst du mit dem linken Bein in den Anzug und stellst fest, auch das linke Bein wird ganz ruhig und warm.

Du ziehst den Anzug über den Po und den Rücken hoch und schlüpfst mit dem rechten Arm hinein. Der rechte Arm wird ganz ruhig und warm. Nun ziehst du auch den linken Arm an und merkst, auch der linke Arm wird ganz ruhig und warm. Beide Beine und beide Arme sind jetzt schon ganz ruhig und warm.

Du machst jetzt den Reißverschluss zu, ziehst den dazugehörigen Helm auf und spürst, wie die Wärme sich über die Ohren um den ganzen Kopf legt. Du schlüpfst in die bereitstehenden Schuhe. Deine Füße werden ruhig und warm.

Jetzt bist du völlig eingehüllt in den Anzug. Durch den Helm hört man nur gedämpft, was draußen vor sich geht. Du hörst irgendwo leise Glocken läuten. Du merkst, dass der Anzug ein Zaubermantel ist. Eingehüllt in seine Wärme hebst du langsam vom Boden ab und fliegst durch das Fenster hinaus. Draußen scheint die Sonne. Unter dir ist eine Wiese. Zwischen den Gräsern sitzen einige Kaninchen und knabbern am Löwenzahn. Durch die Wiese fließt ein kleiner Bach. Das Wasser ist so klar, dass man die Kieselsteine auf dem Boden des Baches glitzern sieht. Die Sonne spiegelt sich auf dem Wasser. Du fühlst dich ruhig und warm. Im Wasser schwimmen einige bunte Fische. Ein Reh steht am Ufer und beugt sich vor um zu trinken. Du fliegst so leise über das Reh hinweg, dass es sich nicht erschrickt.

Langsam fliegst du zurück, du fühlst dich sicher, warm und ruhig, durch das offene Fenster zurück ins Geschäft. Dort ziehst du deinen Anzug aus und es ist so, als ob du aus einem schönen Traum erwachst.

Wenn ich jetzt von 1 bis 3 zähle, dann ballst du bei 1 die Hände zur Faust, bei 2 streckst du die Arme nach oben, räkelst dich und atmest tief ein und aus und bei 3 öffnest du die Augen.
1: du ballst die Hände zur Faust,
2: du streckst die Arme nach oben und atmest tief ein und aus,
3: du öffnest die Augen und bist zurückgekehrt ins Hier und Jetzt.

- **Ablenkungsübungen**

Wenn das Kind immer wieder Episoden erlebt, in denen es von Panik, Angst oder Erinnerungen überwältigt wird, und wenn weder Atemübungen, Entspannungsgeschichten noch Muskelentspannung eine Lösung bringen, gibt es noch eine Möglichkeit, mit der es gelingen kann, Ihr Kind wieder zu »beruhigen«. Schlimme Gedanken und Gefühle lassen sich nicht einfach fortwünschen – im Gegenteil. Beim Gedanken: »Hoffentlich denke ich nicht wieder an den Unfall, gleich kommt wieder dieses Bild«, kommt die Erinnerung zurück und man kann sie dann auch nicht einfach fortschicken. Stattdessen können Sie Ihr Kind auffordern, an etwas anderes zu denken. So können Sie älteren Kindern beispielsweise Rechenaufgaben stellen: beginnend bei einer hohen Zahl (je nach Alter), zum Beispiel 1000, werden immer 7 abgezogen: 1000, 993, 986, 979 und so weiter. Ganz schön schwer – das erfordert Konzentration! Oder Sie geben einen Begriff vor und Ihr Kind muss zu jedem Buchstaben ein Beispiel finden. Beispiel Tiere: Affe, Bär, Chamäleon, Dachs und so weiter.

Bringen Sie Ihrem Kind bei, wie es sich selbst solche Aufgaben stellen kann. Diese Art der Übung funktioniert als Ablenkungsmanöver sehr gut. Allerdings sind die zuvor beschriebenen Entspannungsübungen vorzuziehen, da sie gleichzeitig ruhiges Atmen trainieren und nicht die Gefahr in sich bergen, sich zu einem »Zwang« zu entwickeln.

- **Visualisierung/Schmerztherapie**

Wissenschaftliche Untersuchungen haben gezeigt, dass Menschen ihre geistige Vorstellungskraft nutzen können, um sich für körperliche Anstrengungen vorzubereiten oder sich von ihnen zu erholen. So erzielen Sportler, die sich vor einem Wettkampf »im Kopf« auf den Einsatz vorbereiten und sich »vorstellen«, welche Bewegungen sie ausführen werden, im tatsächlichen Wettkampf bessere Ergebnisse. Und kranke Menschen, die sich ihre Abwehrkörper bildlich vorstellen und ihnen den Befehl erteilen, ihre Arbeit gut zu tun, erreichen auch tatsächlich eine bessere Immuntätigkeit. Wenn man sich solche Dinge im Kopf vorstellt, spricht man auch von »Visualisierung«.

Für Traumaopfer kann die Visualisierung vor allem bei der Behandlung von Schmerzen oder von verlorenen Körperfunktionen sinnvoll sein. Therapeuten benutzen beispielsweise in der Schmerzbehandlung eine Technik, in der sich der Patient in die Schmerzen hineindenkt und so den Schmerz lindert. Oder der Patient wird aufgefordert, mit einem bestimmten Körperteil direkt Kontakt aufzunehmen, um eine Botschaft zu senden wie etwa: »Rechter Fuß, du bist verletzt und zerbrochen und magst jetzt gar nicht mehr gehen. Doch du musst lernen, mein Gewicht wieder zu tragen. Deine Aufgabe ist es jetzt zu lernen, wieder aufzutreten und von Tag zu Tag mehr Gewicht zu tragen.« Solche Techniken sind Kindern noch leichter zu vermitteln als Erwachsene und sie sind erstaunlich effektiv. Besprechen Sie geeignete Visualisierungstechniken für Ihr Kind mit den behandelnden Ärzten oder dem Therapeuten.

- Rhythmische Übungen

Eine weitere Variante der Traumabehandlung basiert auf der Erkenntnis, dass die beiden Hirnhälften unterschiedliche Funktionen übernehmen und eine verbesserte Verbindung beider Hälften sich auf das Wohlbefinden auswirkt. So ist nach einem Trauma vielleicht der Bereich, der Sinneswahrnehmungen speichert, besonders erregt, während das intellektuelle Verständnis, das in einer anderen Gegend des Gehirns liegt, mit den neuen Eindrücken nicht verbunden ist.

Man kann die Zusammenführung der beiden Gehirnhälften unterstützen, indem man rhythmische und Über-Kreuz-Übungen macht, die das Gehirn zur besseren Koordination und Arbeit zwingen. Dazu eignen sich musikalische Rhythmusübungen (bestimmte Takte auf der Trommel schlagen oder in die Hände klatschen), tanzen, gehen mit Über-Kreuz-Berührung (z. B. immer eine Hand auf das gegenüberliegende Knie schlagen), Augenübungen (Augen von einem Punkt im linken Sichtfeld zu einem anderen Punkt im rechten Sichtfeld wandern lassen).

Eine spezielle Therapieform, die mit Augenbewegungen arbeitet, heißt EMDR (Eye Movement Desensitization and Reprocessing). Diese Therapie wird gezielt mit Traumaopfern durchgeführt, um bei der Zusammenführung der verschiedenen Aspekte der Erinnerung zu helfen. Während der oder die Therapeut/in ihren Finger bewegt und der Patient diesem immer schneller werdenden Finger mit dem Blick folgt, leitet sie die Aufmerksamkeit des Patienten auf die traumatische Erinnerung. Die Augenbewegungen regen die beiden Gehirnhälften an, so dass die Neubewertung des Traumas, die im Gespräch erfolgt, im Gehirn besser verarbeitet und integriert wird. Diese Therapie kann natürlich nicht von Laien ausgeführt werden – fragen Sie bei Interesse die behandelnden Ärzte danach.

Spielen

Anita, 14 Jahre alt, kommt zum ersten Mal zur Therapie. Ihre Mutter hat den Termin gemacht, da sie weiß, dass Anita wiederholt von ihrem Onkel sexuell missbraucht wurde. Anita sieht sehr »erwachsen« aus, trägt eine Lederjacke, Schmuck und viel Make-up im Gesicht. Sie setzt sich, erzält kühl von den Kontakten mit ihrem Onkel, die sie angeblich gut weggesteckt hat. Sie brauche keine Hilfe, meint sie. Schließlich guckt sie sich im Therapiezimmer um, dass für Besuche von Kleinkindern eingerichtet ist: Puppen, Autos, Bauklötze und so weiter. Die Therapeutin lässt ihr Zeit und schließlich fragt Anita: »Darf ich mal damit spielen?« Sie grinst, weil sie ja weiß, dass die Spielzeuge für »kleine« Kinder sind. Die Therapeutin nickt und Anita setzt sich auf den Boden, nimmt ein Spielzeug in die Hand, erklärt, dass sie schon seit »Ewigkeiten« solche Sachen nicht angefasst hat. Eine Viertelstunde später hat sie sich »warm« gespielt! Jetzt merkt man, dass Anita mit 14 Jahren eben nicht erwachsen ist, völlig überfordert wurde von dem Missbrauch und nicht weiß, wie sie ihre Not mit dem »erwachsenen« Selbstbild, das sie von sich hat, vereinbaren kann. Durch das Spiel wird der Zugang zu ihrem »kindlichen« und hilfsbedürftigen Selbst wieder geöffnet.

Jede Art von Spielen entspannt. Lassen Sie Ihrem Kind völlige Freiheit in der Auswahl der Spiele. (Falls Ihr Kind nach dem Trauma nicht mehr spielt, braucht es besondere Hilfe – es steht noch unter Schock.)
 Sollte Ihr Kind das Erlebte »nachspielen«, lassen Sie auch hier alles zu, selbst wenn Sie die ständigen Feuersirenen oder das »Päng päng« von Pistolenknallen stören. Stellen Sie dem Kind bei Bedarf Spielsachen zur Verfügung, die sich für das Spiel eignen. Dies dürfen dann auch mal Schießwaffen sein, selbst wenn diese sonst tabu sind. Jetzt ist nicht der Zeitpunkt, um zu moralisieren. Im Spiel durchlebt Ihr Kind das Erlebte immer wieder und gewinnt so langsam das Gefühl der Kontrolle zurück. Wo es ursprünglich völlig ausgeliefert war, kann es jetzt anders reagieren und ein Szenario entwickeln, in dem es den Ausgang beherrscht und die Situation »retten« kann.
 Bieten Sie auch Kasperlefiguren, Puppen, Stofftiere oder Aktionsfiguren für Rollenspiele an. Kinder projizieren ihre eigenen Gefühle auf Spielzeuge und üben so die Bewältigung dieser Gefühle.
 Falls Ihr Kind Dinge »inszeniert«, von denen sie nicht sicher sind, ob sie tatsächlich stattgefunden haben, belasten Sie sich nicht mit der Idee, Sie müssten der »Wahrheit« auf den Grund gehen. Menschen können sich durchaus auf einer nichtverstandesmäßigen Ebene an Dinge erinnern. So spielt zum Beispiel ein 5-jähriger Junge immer wieder »Das Haus brennt«, obwohl er sich wissentlich nicht an das Feuer, das er mit 6 Monaten erlebt hat, erinnern kann. Ihr Kind wird ihnen also möglicherweise keine Antwort geben können auf die Frage, warum es solche Dinge spielt. Vielleicht hat Ihr Kind diese Szene erlebt, vielleicht auch nicht. Wichtig ist, dass es anscheinend Ängste oder Sorgen hat, die es im Spiel verarbeiten will. Beobachten Sie einfach das Spiel und stehen Sie für

Gespräche oder Hilfe bereit. Allerdings sollten Sie nicht eingreifen oder Anweisungen geben. Wenn Sie zum Beispiel vorschlagen: »Jetzt haut das Kind den bösen Mann in die Flucht!«, rauben Sie Ihrem Kind die Möglichkeit, selbst mit der Situation fertig zu werden und das Ohnmachtsgefühl aus eigener Kraft zu überwinden.

Das Kind muss selbst der Regisseur des Spiels sein und Lösungen finden. Wenn das Kind allerdings will, dass Sie mitspielen, bieten Sie vorsichtig Hilfe an: »Was soll ich spielen?« Und wenn das Kind völlig hilflos ist: »Darf ich den Polizisten spielen, der den bösen Mann verhaftet?« Besprechen Sie das Spiel hinterher: »Was wäre, wenn diese Situation einträfe?«, »Was meinst du, wie du dich fühlen würdest, wenn das passieren würde?« oder: »Was glaubst du, was würde Pippi Langstrumpf (Wickie, Superman etc.) in dieser Lage tun?«

Spiele eignen sich auch, um sich auf Situationen einzustellen, die erst noch vor einem liegen. Das Spielen macht mit der Szene oder Gegebenheit vertraut und erlaubt dem Kind, seine Ängste auszudrücken und Wege zu finden, wie es damit umgehen kann. So kann ein Kind, das zu einer weiteren Operation ins Krankenhaus muss, mit einer Puppe, einer Freundin oder den Eltern Krankenhaus spielen. Vielleicht ist das Kind dann mal die Patientin, mal der Arzt, mal die Oberärztin.

Dabei können und sollen Ihre Kinder natürlich auch Spiele spielen, die nichts mit dem Trauma zu tun haben. Spielen entspannt und gibt dem Kind die Gelegenheit, Sorgen und Probleme zu vergessen. Das gemeinsame Spiel bietet die Möglichkeit, Vertrauen, Sicherheit und Geborgenheit zu vermitteln.

Karitativer Einsatz

Manche Kinder sind sehr fürsorglich und empathisch, kümmern sich gut und gerne um andere. Dann wieder gibt es Kinder, denen es schwer fällt, auf andere zuzugehen. Egal, wie Ihr Kind von der

Persönlichkeit her ist, jedem Kind tut es gut, Verantwortung zu haben und zu helfen. Wer anderen Menschen hilft, bekommt ein Gefühl für den Wert des eigenen Einsatzes zurück. Da kann man dann sogar eigene Sorgen vergessen.

Vielleicht »spielt« Ihr Kind ohnehin sorgende Mutter oder Vater mit dem Stofftier oder kleineren Geschwistern. Überlegen Sie, ob Sie nicht »echte« Einsatzgebiete für Ihr Kind entdecken können. Dies müssen nicht immer Not leidende Menschen sein, es kann auch ein Tier oder eine Pflanze sein.

Vorschläge, wie Ihr Kind sich »kümmern« kann:

- Verantwortung für ein Haustier (es kann ja auch ein Goldfisch sein, wenn kein Platz für eine Katze oder einen Hund da ist),
- Pflege eines Beetes oder Blumenkastens,
- Patenschaft für ein Kind in einem anderen Land (durch eine der zahlreichen Hilfsorganisationen),
- Brieffreundschaften,
- Patenschaft innerhalb der Schule (manche Schulen bieten »Patenschaften«, wo die älteren Schüler jeweils eine/n jüngere/n Schüler/in zugewiesen bekommen, um ihnen Dinge zu erklären und zu helfen),
- Mitarbeit in einer karitativen Gruppe, Arbeitsgemeinschaft oder einem Verein (dies kann ein Tierheim, eine kirchliche Gruppe, ein Förderverein oder Ähnliches sein, wichtig ist nur, dass der Einsatz einem helfenden Ziel dient),
- Konfliktlotse werden (in manchen Schulen gibt es »Schülerlotsen«, das sind Schüler, die sich ausbilden lassen, um in Konflikten zu vermitteln),
- einen Teil des Taschengeldes spenden für einen guten Zweck,
- Spielsachen oder Kleidung spenden für einen Kindergarten oder ein Krankenhaus,
- im Internet Ratschläge geben (z. B. auf Seiten für Familien, die ein Kind verloren haben etc. – s. auch Liste am Ende dieses Buches),

- politischer Protest, Briefe (an Bürgermeister oder Politiker, um sich für lokale Bedürfnisse und Interessen einzusetzen),
- fragen Sie doch einfach Ihr Kind, welche »Ziele« ihr oder ihm wichtig sind und wofür es sich gerne einsetzen würde.

Konkrete Hilfe

Nicht jede traumatische Erfahrung hat ein klares Ende. Vielleicht hält sie noch an? Dies ist etwa der Fall, wenn Ihr Kind noch immer von anderen Schülern gemobbt wird, wenn es aufgrund eines Unfalls nicht mehr laufen kann, wenn es unter den psychischen und physischen Symptomen und Folgen des Traumas leidet. Dann ist natürlich neben aller Hilfe bei der »Aufarbeitung« vor allem auch Hilfe gefragt für die konkrete Bewältigung der Traumafolgen.

Manchmal ist das Trauma auch noch nicht vorbei: wenn beispielsweise die Familie noch Monate nach der Flutkatastrophe in einem Provisorium lebt, wenn ein Kind in der Schule weiterhin gemobbt wird, wenn nach einer Gewalttat gerichtliche Instanzen einen »Täter-Opfer-Ausgleich« empfehlen und man angehalten wird, sich mit dem Täter auseinander zu setzen, wenn Verletzungen anhalten oder Angehörige gestorben sind. Solche Langzeitwirkungen erfordern eine Reaktion. Man kann nicht so weitermachen wie zuvor. Erdulden und abwarten führen nicht zu Akzeptanz, sondern nur zu Stagnation und Depression. Besser ist es, sich ein- beziehungsweise umzustellen. Welche neuen Bedürfnisse ergeben sich? Was kann die Familie, was können die einzelnen Familienmitglieder tun, um die Situation zu verbessern? Wie kann die »Gewöhnung« an die veränderten Bedingungen verbessert werden?

Beispiele für konkrete Hilfen, die Eltern leisten können:

- Mit Lehrern sprechen und darauf dringen, dass Konflikte konstruktiv gelöst werden (viele Schulen haben Konfliktlotsen und

Projektgruppen, die Schülern bei Mobbing und anderen Problemen helfen),
- Psychologen und Ärzte zu Rate ziehen,
- das Kind darauf vorbereiten, was es zum Beispiel bei einer Beerdigung, einer Gerichtsverhandlung oder einem Krankenhausbesuch erwarten kann,
- überlegen, ob ein Wohnungs- oder Schulwechsel in Frage kommt und mit den entsprechenden Instanzen besprechen,
- Turngeräte anschaffen, um dem Kind die Möglichkeit zu geben, verloren gegangene Fähigkeiten oder Funktionen zu trainieren,
- sich aktiv um »Wiedergutmachung« und -ausgleich bemühen,
- Behörden, Ärzten und anderen Stellen gegenüber die Interessen des Kindes mit Nachdruck vertreten,
- dem Kind Fähigkeiten vermitteln, die es in Zukunft vor erneuter Viktimisierung bewahren können (Neinsagen, Selbstverteidigung, Verkehrsunterricht usw.).

Auch andere Menschen können helfen, Sie müssen nicht alles allein bewältigen. Holen Sie sich Hilfe und informieren Sie alle, mit denen Ihr Kind zu tun hat, über die besonderen Bedürfnisse Ihres Kindes. Vor allem in der Schule wird Ihr Kind zurzeit sicher nicht so leistungsstark und konzentriert sein wie früher, lassen Sie dies die Lehrer wissen und bitten Sie um Unterstützung.

Ich möchte jedoch an dieser Stelle auch davor warnen, dem Kind »zu viel« zu helfen. Ein Kind, dass nach einem Trauma nur noch »bemuttert« wird, kann kein Zutrauen in die eigene Fähigkeit, mit Problemen fertig zu werden, entwickeln. Das Beste, was Sie für Ihr Kind tun können, ist, ihm oder ihr zu helfen, sich selbst zu helfen! Das nächste Kapitel ist deshalb besonders wichtig.

Selbstwertgefühl aufbauen und Stärken entwickeln

Ihrem Kind geht es erst wieder richtig »gut«, wenn es sich selbst positiv bewerten kann und sich seiner Stärken bewusst ist. Dann kann es auch wieder hoffnungsvoll in die Zukunft sehen.

Hier sind einige Ideen, um das Selbstwertgefühl Ihres Kindes zu stärken:

- Beobachten Sie Ihr Kind und loben Sie es schon für kleine Schritte und Erfolge (statt Ihr Kind zu kritisieren, dass es die Übungen nicht macht, die nötig sind, um die verletzte Hand wieder zu heilen, loben Sie, wenn er oder sie es doch tut: »Obwohl dir das so schwer fällt, hast du jetzt ganze 10 Minuten deine Handgymnastik gemacht, das finde ich super!«).
- Nehmen Sie nichts für gegeben hin und bemerken Sie auch das »Normale« (»Toll, dass du von alleine daran gedacht hast, dir vor dem Essen die Hände zu waschen«).
- Halten Sie Routinen und Rituale aufrecht! Wir haben bereits weiter oben gesehen, dass es wichtig ist für ein Kind, so viele Dinge wie möglich des früheren Lebens weiterzuführen und zu übernehmen. Dies vermittelt Sicherheit und Geborgenheit.
- Sagen und zeigen Sie Ihrem Kind, dass Sie es lieben, unterstützen, verstehen und an seine oder ihre Kraft und Fähigkeiten glauben.
- Übertragen Sie Ihrem Kind Verantwortung! (Statt Ihrem Kind zu »befehlen«, endlich mal den Müll runterzutragen, machen Sie mit allen Familienmitgliedern einen Plan und teilen die Hausarbeit auf, so dass jedes Mitglied Bereiche hat, für die es allein verantwortlich ist.
- Dosieren Sie die Hilfe, die Sie Ihrem Kind geben. Das Ziel sollte immer sein, dem Kind zu helfen, sich selbst zu helfen! Das Risiko bei zu viel Hilfe ist Bevormundung, Überbehütung und daraus resultierende Unselbstständigkeit und Unsicherheit des Kindes.

- Freuen Sie sich über jeden Schritt, den Ihr Kind in die Selbstständigkeit macht. Sicher ist man zuweilen traurig, wenn das Kind nicht mehr auf den Familienausflug mit möchte, »Geheimnisse« hat, einen nicht mehr so »braucht«. Doch wenn Sie Ihrem Kind diese kleinen Triumphe gönnen, wird sich Ihre Beziehung in der Zukunft sicher wieder festigen.
- Kurse, die Körperbeherrschung und Grenzsetzung trainieren (z. B. Selbstverteidigungskurse).
- Erfolgserlebnisse ermöglichen! Erlauben Sie Ihrem Kind, Fehler zu machen und schlechtere Noten nach Hause zu bringen. Darum geht es jetzt nicht. Aber wenn Ihr Kind etwas gut gemacht hat, dann freuen Sie sich! Stellen Sie Aufgaben, die Ihr Kind bewältigen kann, damit es sich über den Erfolg und das eigene Können neu definieren kann.

Beachten Sie auch, dass Ihr Kind – egal wie alt es ist – auch physischen Kontakt braucht. Je älter Ihr Kind ist, desto zurückhaltender wird es dies einfordern, doch auch ein Teenager möchte einmal eine Hand auf der Schulter spüren oder gedrückt werden. Wenn Ihr Kind sexuell oder physisch misshandelt wurde, stellt sich die Situation natürlich etwas anders da – dann muss man eventuell Berührungen ankündigen oder um Erlaubnis bitten. In jedem Fall gilt, dass das Kind das Recht hat, nein zu sagen oder die Berührung beenden darf.

Beispiele für einen physischen Kontakt sind:
- Umarmungen,
- Küsse,
- über den Kopf streicheln,
- kitzeln, streicheln (wenn das Kind dies mag und will),
- auf die Schulter klopfen,
- kuscheln vor dem Einschlafen,
- massieren (es gibt besondere Kurse für Babymassagen).

Helfen Sie Ihrem Kind, sich selbst als tatkräftig und erfindungsreich zu erleben. Ihr Kind hat während oder nach dem Trauma möglicherweise nichts tun können, um sich selbst zu helfen und zweifelt jetzt an seiner Fähigkeit, mit schwierigen Dingen umgehen zu können. Im Folgenden schlage ich einige Fragen vor, über die Ihr Kind vielleicht gern einmal nachdenken würde und die dem Kind die Erkenntnis vermitteln können: »Aha, ich weiß was! Ich habe eine Menge guter Ideen!«

- Was würdest du tun, wenn du Kanzler (Präsidentin etc.) wärst?
- Wie würdest du das Problem der Arbeitslosigkeit lösen?
- Was kann man tun, um Mobbing in der Schule zu verhindern?
- Wie können wir den Erdbebenopfern in ... helfen?
- Das Kind in dem Film war ganz traurig. Was hätte es denn tun können, um sich zu helfen?

Bestimmt fallen Ihnen ähnliche Fragen ein. Sinn ist es, den Kindern zu zeigen, dass Probleme keine Sackgassen sind, sondern dass es auch immer eine Lösung gibt. Diese Lösungen müssen nicht von außen kommen – man kann sie selbst finden! Fragen Sie Ihre Kinder möglichst oft um Rat und nehmen sie diesen – wenn möglich – auch ernst. Bringen Sie Ihrem Kind bei, dass es Rechte hat und Entscheidungen, die den eigenen Körper betreffen, allein treffen darf und sogar muss. Fragen Sie ein kleines Kind, welche Berührungen es mag, und betonen Sie dann ausdrücklich, dass es bei Berührungen, die unangenehm sind, »nein« sagen darf. Das müssen Sie immer respektieren! Je mehr sich Kinder als ideenreich, kreativ und selbstbestimmt erfahren, umso stärker wird ihr Selbstvertrauen.

Das heißt aber nun nicht, dass Ihr Kind annehmen soll, es müsse alle Probleme ganz allein lösen. Manche Probleme lassen sich eben nur gemeinsam lösen. Spielen Sie eventuell Spiele, die dem Kind zeigen, dass man zu zweit oder zu mehreren gewinnen kann. Ein Tisch, der sich allein nicht verrücken lässt, kann zu zweit oder dritt getragen werden. Ein Erwachsener, der von einem Kind nicht bewegt werden kann, kann vielleicht von drei Kindern gemeinsam über eine Linie gezogen werden. Denken Sie sich ähnliche Übungen aus, die Ihrem Kind das Gefühl vermitteln, mit der Unterstützung von anderen etwas erreichen zu können.

Reden Sie mit Ihrem Kind über die Zeit vor dem Trauma. Erinnern Sie das Kind an seine oder ihre Stärken und Erfolge. Legen Sie vielleicht ein Buch an, in das Sie die Erfolge des Kindes eintragen: Wann sagte es das erste Wort, wann konnte es lesen, den ersten Brief schreiben, das erste Lied auf der Flöte spielen? Wenn Ihr Kind sich nicht an frühere Erfolge erinnern mag, hat es vielleicht Angst, nicht mehr so »stark« oder »talentiert« zu sein. Erklären Sie, dass die Stärken und Fähigkeiten alle noch da sind, sich zurzeit nur verstecken. Wenn man sich oft an sie erinnert, werden sie sich langsam wieder hervortrauen.

So verheerend das Trauma für Ihr Kind und für Sie auch gewesen sein mag, bemühen Sie sich darum, nicht nur das »Schreckliche« zu betonen. Trotz aller Trauer darüber, dass es so gekommen ist und trotz des verständlichen Wunschs, die Zeit könne noch einmal zurückgedreht werden, ist das Trauma nun einmal passiert und Sie und Ihr Kind müssen lernen, diese Tatsache zu akzeptieren. Wer sich immer nur als »Opfer« sieht, wird kein neues Selbstbewusstsein entwickeln können. Aus diesem Grund spricht man im Englischen in der Traumaliteratur auch nicht von *victims*, sondern von *survivors*, also von Überlebenden. Machen Sie sich einmal mit diesem Gedanken vertraut: Ihr Kind ist nicht »Opfer« eines Traumas, denn es hat ja das Trauma überlebt. Darin drückt sich eine Stärke aus, auf der man aufbauen kann.

Im Übrigen werden unsichere Menschen, die sich als »Opfer« gebrandmarkt fühlen, sehr viel schneller wieder Opfer. Nehmen Sie als Beispiel einen Vergewaltiger, der in einer dunklen Straße auf ein Opfer wartet (übrigens kein sehr häufiges Szenario). Ein Mädchen kommt des Weges. Sie sieht den Mann und hat Angst. Sie zieht den Kopf ein, dreht sich häufig nach ihm um, geht schneller. Als der Mann sie erreicht, ist sie starr vor Schreck und Angst, lässt alles mit sich geschehen. Jetzt ein anderes Mädchen. Sie sieht den Mann und hat sogleich ein ungutes Gefühl. Sie holt ihr Handy heraus und wählt schnell eine Nummer. Egal, welche Nummer, vielleicht ist es auch gar kein echtes Handy, der Fremde wird sich ihr jetzt nicht mehr nähern. Er möchte ja ein Opfer, das starr vor Schreck ist und nicht etwa jemanden, der sich darauf besinnt, Hilfe herbeizurufen. Das Mädchen könnte auch laut rufen: »Mama, ich bin da, mach bitte die Tür auf!« Auch wenn das Kind noch gar nicht zu Hause ist, der Mann weiß das ja nicht. Oder sie holt eine Trillerpfeife heraus und macht ordentlich Krach. Ein Vergewaltiger wird sich doch keinem Kind nähern, dass gerade dabei ist, die ganze Nachbarschaft ans Fenster zu holen. Oder das Mädchen kann an einem Haus stehen bleiben, an allen Klingeln drücken, dabei ruft sie: »Mama, mach auf!« Wenn der Mann einfach des Weges geht – vielleicht war es ja doch kein Vergewaltiger –, wird das Mädchen den Nachbarn sicher erklären können, dass es Angst hatte und nicht aus Schabernack geklingelt hat.

Es wird aber den wenigsten Kindern gelingen, in einer solch brenzligen Situation selbstbewusst aufzutreten – Erwachsenen übrigens auch nicht! Selbstsicheres Verhalten kann man jedoch lernen. Dazu eignen sich allerdings Gespräche nur begrenzt. Theoretisches Wissen ist im Notfall nicht einfach abzurufen, man muss es vorher geübt haben, so dass es richtig »sitzt«. Machen Sie Rollenspiele, oder melden Sie Ihr Kind in entsprechenden Kursen an. Bitten Sie die Schule Ihres Kindes, Anti-Gewalt-Programme durchzuführen (die oft von der örtlichen Polizei angeboten werden). Dabei sollte Ihr Kind folgende Fertigkeiten lernen:

- *Nein oder Stopp sagen* – und zwar mit lauter Stimme! Machen Sie Übungen mit mehreren Kindern, wobei ein Kind einem anderen auf die Pelle rückt. Das belästigte Kind muss erkennen, dass es sich unwohl fühlt und den Angreifer stoppen. Aber nicht handgreiflich werden, Gewalt nie mit Gewalt beantworten! Wenn ein vernehmliches »Stopp« nichts nützt, dann selbst wegdrehen und nochmal wiederholen: »Ich möchte nicht, dass du so nahe kommst.«
- *Weglaufen* – leider warten Menschen immer viel zu lange, ehe sie reagieren. Man hat Angst, sich lächerlich zu machen oder ist starr vor Schrecken. Diese Zeit nutzen die Angreifer. Kinder dürfen nicht in die Situation kommen, dass sie sich körperlich wehren müssen, denn das können sie gar nicht.
- *Laute Stimme* – üben Sie mit Ihrem Kind, laut zu sein. Das ist ganz wichtig! Ein zaghaftes »Hilfe« bringt nichts. Üben Sie mit dem Kind, Dinge zu benennen: »Hilfe, ich ertrinke« oder »Ein

Hund hat mich gebissen« oder »Der Mann will mich mitnehmen«. Wenn das Kind von einem Menschen bedrängt wird, kann es auch einfach Krach machen, egal wie.
- *Sie-Anrede* – fremde Menschen sollten immer mit Sie angeredet werden! Sonst denken Passanten, es handele sich vielleicht um einen Verwandten oder Freund der Familie.
- *Unhöflich sein* – Kindern wird immer beigebracht, dass Sie höflich sein müssen. Viel wichtiger wäre es, ihnen beizubringen, auf ihr inneres Gefühl zu vertrauen. Wenn jemand ihnen Fragen stellt, die sie eigentlich nicht beantworten wollen, dann brauchen sie das auch nicht zu tun. Üben Sie einmal als gespielter »Fremder«, Ihr Kind zu bedrängen: »Wie heißt du denn? Hast du keinen Namen? Wohnst du hier in der Nähe?« Selbst wenn Sie Ihrem Kind gerade noch gesagt haben, es soll nicht mit Fremden reden, wird es wahrscheinlich trotzdem antworten, wenn Sie forsch genug auftreten. Da hilft nur üben! Das Kind soll sich auch nicht rechtfertigen, denn jedes Wort wird als Aufforderung gewertet, mit der »Unterhaltung« fortzufahren. Stattdessen soll das Kind einfach weggehen zu Personen, die es kennt.
- *Hilfe holen* – Kinder werden sehr schnell von einer schwierigen Situation überwältigt. Sie weinen, kommen aber nicht auf die Idee, andere um Hilfe zu bitten. Man kann davon ausgehen, dass Passanten sehr hilfsbereit sind, aber aus Scham oder Angst im wichtigen Moment nicht eingreifen. Wenn sie aber direkt aufgefordert werden, wird fast jeder zur Hilfe kommen. Falls Ihr Kind Scheu davor hat, auf fremde Menschen zuzugehen, schicken Sie Ihr Kind mit kleinen Aufträgen los: Brötchen holen, nach dem Preis, dem Weg oder der Uhrzeit zu fragen.
- *Lösungsorientiert denken* – wie schon mehrmals angedeutet, fällt uns in stressvollen Situationen das Denken schwer. Nahe liegende Lösungen fallen uns erst hinterher ein. Man könnte sich nun im Voraus alle möglichen Gefahrenszenarien ausdenken und überlegen, wie man sich am besten verhalten sollte. Damit können Sie aber Ihrem Kind unnötige Angst machen, das sich überwältigt sieht von einer Vielzahl von Schrecken, die passieren könnten – und dann im Ernstfall doch alles vergisst. Überlegen

Sie stattdessen gemeinsam mit Ihrem Kind, wie es ganz generell auf sich aufmerksam machen kann, wenn es Hilfe braucht. Und üben Sie schnelles Denken und spielen Sie Spiele, die schnelle Reaktionen verlangen.

Wenn Sie solche Übungen einfühlsam machen, ohne das Kind unter Druck zu setzen und ohne Aufgaben zu geben, die es nicht fertig bringt, wird sich das Selbstwertgefühl Ihres Kindes steigern. Am Schönsten wäre es natürlich, wenn das Kind sich am Ende stärker fühlt, als es vorher war. Dann hat es eine traumatische Erfahrung gemacht, die zwar einerseits schrecklich war, die aber andererseits dazu geführt hat, dass das Kind sich für die Zukunft gestärkt hat.

Dieser Gedanke, dass aus einem schrecklichen Geschehen etwas Gutes kommen kann, soll keine Rechtfertigung sein. Natürlich wäre es besser gewesen, das Trauma wäre nie passiert. Aber wenn man einem solchen Ereignis einen »Sinn« zu geben versteht, hat man einen sehr großen Schritt in der Traumaverarbeitung getan. Gibt es eine Veränderung oder Entwicklung an Ihrem Kind, an dem eine solche Sinngebung abzulesen ist? Hat Ihr Kind neue Stärken oder Einsichten gewonnen, neue Freundschaften geschlossen oder Dinge gelernt? Dann unterstützen Sie diese Tendenzen und freuen sich über den Fortschritt, den Ihr Kind schon gemacht hat.

4. Mögliche Symptome

Wenn Sie alle bisherigen Ratschläge und Hinweise gelesen haben, konnten Sie vielleicht schon eine Menge tun, um dem betroffenen Kind die Verarbeitung des Traumas zu erleichtern. Es sind die oben beschriebenen Techniken und Strategien, die dem Kind dabei helfen, einzelne Symptome zu bekämpfen und zu überwinden. Ich möchte dennoch im Folgenden auf die einzelnen Symptome eingehen, um Ihnen zunächst einmal das Verständnis für das jeweilige Verhalten Ihres Kindes zu erleichtern und um noch einmal ganz konkrete Vorschläge zu machen, wie man im Einzelfall mit diesen Symptomen umgehen kann.

Bevor Sie jedoch die einzelnen Kapitel lesen, um die jeweiligen Symptome zu »beseitigen«, fragen Sie sich erst: »Welchen Sinn haben die Symptome meines Kindes?« Die Symptome sind ja nicht etwa »Krankheitsbilder«, sondern sie dienen immer auch einem sinnvollen Zweck. Angst soll uns davor schützen, uns erneut in Gefahr zu begeben. Regression entsteht aus dem Wunsch, beschützt zu werden. Besondere Wachsamkeit, die mit Schreckhaftigkeit, Erregung oder Unkonzentriertheit einhergehen kann, will uns frühzeitig vor der nächsten Gefahr warnen. Erinnerungen und Flashbacks geben uns den Hinweis, dass wir das Trauma noch nicht verarbeitet haben.

Erst wenn wir erkennen, welchen Zweck die Symptome erfüllen sollen, können wir unseren Kindern helfen, ihr Leben wieder in den Griff zu bekommen.

Regression und Verleugnung

Die Eltern des 5-jährigen Tim haben beschlossen sich zu trennen. Sie haben ihm zwar schon mehrmals erzählt, dass der Vater im Februar ausziehen wird, aber nichtsdestotrotz macht Tim Pläne für seinen Geburtstag im März, der beide Elternteile einschließt. Wenn Tim nicht seit kurzem wieder öfter ins Bett machen würde, könnte man denken, Tim habe die Nachricht gar nicht mitbekommen.

Hatten Sie schon einmal ein erschütterndes oder beängstigendes Erlebnis, auf das Sie mit Rückzug unter die Bettdecke reagiert haben, vielleicht auch mit angezogenen Beinen in der so genannten Embryohaltung? Sich »klein« oder »jung« zu machen, ist eine natürliche Reaktion auf überwältigende Situationen, denen man sich nicht gewachsen fühlt.

Kinder tun dies in besonderem Maße. Sie entwickeln sich ohnehin nicht geradlinig, sondern machen öfter mal eine Pause, dann einen Sprung nach vorn und zwischendurch mal wieder einen Schritt zurück. Wann immer sie sich überfordert fühlen, halten sie in der Entwicklung inne oder orientieren sich zum Vergangenen hin. Wenn Kinder in ein Entwicklungsstadium zurückfallen, das sie bereits verlassen hatten, spricht man von Regression. Verhaltensweisen, die sie bereits abgelegt hatten, kommen wieder: Bettnässen, Daumenlutschen, Babysprache, Trennungsängste, Hilflosigkeit und Ähnliches.

Es ist wichtig, dass Eltern Verständnis für das regressive Verhalten ihrer Kinder nach einem Trauma haben. Schimpfen, Strafen oder Spott (»Du bist doch kein kleines Kind mehr!«) wäre nicht nur nutzlos, es ist auch nicht förderlich für den Heilungsprozess. Das Kind muss sich erst wieder sicher fühlen und Selbstbewusstsein aufbauen, ehe es zu dem Punkt zurückkehren kann, an dem es aus der Bahn geworfen wurde. Machen Sie wenig Aufhebens von dem »kindlichen« Verhalten, Ihr Kind drückt damit die Verwundbarkeit und Hilflosigkeit aus, die es fühlt. Antworten Sie auf dieser symbolischen Ebene mit Anteilnahme, aber thematisieren Sie das regressive Verhalten nicht.

Andererseits brauchen Eltern Ihre Kinder nicht für die Rückkehr zu früheren Entwicklungsstufen zu belohnen. Wenn Sie etwa aus Ihrem Mitgefühl oder Ihrer Sorge heraus wieder die Schuhe ihres Kindes zubinden, wird das Kind in dem Gefühl, hilflos und abhängig zu sein, bestärkt. Es soll ja aber nach einem Trauma wieder selbstsicher und stark werden. Gehen Sie, wenn Ihr Kind wirklich überfordert ist, geduldig und verständnisvoll auf die Bedürfnisse Ihres Kindes ein. Betonen Sie aber auch, dass Sie überzeugt sind, dass Ihr Kind bald wieder die Dinge tun kann, die es schon einmal beherrschte. Es wird auch wirklich so kommen – Sie können da ganz zuversichtlich sein. Ihr Vertrauen in Ihr Kind und in die Zukunft wird sich auch dem Kind mitteilen und es beruhigen.

Eine andere Sache ist es, wenn Kinder alle Erinnerung an das Trauma verdrängen und so tun, als sei nichts geschehen. Hinter diesem Verhalten steht natürlich der Wunsch, das Geschehene durch Verleugnung ungeschehen zu machen. Oder aber das Kind ist so überfordert, dass es keinen anderen Ausweg hat, als so zu tun, als sei alles beim Alten. Wenn Ihr Kind dem äußeren Anschein nach das Trauma unbeteiligt und unbeschadet überstanden hat, fragen Sie sich, ob das Kind wirklich über die alte Sicherheit und Zuversicht verfügt oder ob die neutrale Haltung nicht etwa Apathie und Resignation bedeutet.

Haben Sie Verständnis dafür, dass Ihr Kind überfordert ist. Zwingen Sie es nicht dazu, sich Bilder anzusehen, sich Erinnerungen zu stellen oder über Dinge zu sprechen, die schmerzen. Andererseits sollten Sie die Verleugnung nicht unterstützen. Machen Sie ruhig Bemerkungen wie: »Ich kann verstehen, dass du nicht gerne an den Unfall denkst.« Oder bieten Sie Gespräche an: »Wenn du über Papa sprechen willst, dann komm zu mir.« Manchmal hilft es Kindern auch, wenn andere vormachen, wie man mit Gefühlen umgeht: »Ich wünschte, dass Unglück wäre nicht geschehen. Am liebsten würde ich alles vergessen. Aber dann kommen die Erinnerungen doch wieder. Gerade beim Abwaschen zum Beispiel. Geht dir das auch so?«

Manchmal braucht man auch nur einen »Dammbrecher«, um

endlich an die unterdrückten Gefühle zu kommen. Vielleicht kann Ihr Kind bei einem traurigen Film die nicht geweinten Tränen vergießen und an den eigenen Schmerz herankommen. Traurige Kinderfilme gibt es viele, je nach Alter, angefangen bei »Bambi« oder dem »König der Löwen«, in denen die Mutter beziehungsweise der Vater stirbt. Sie sollten Ihren Kindern aber nicht »befehlen« zu weinen und sollten, falls der Versuch fehlschlägt, das Fortbleiben der Tränen auch nicht kommentieren. Falls das Kind auch dann nicht weint, wenn Filmcharaktere ähnliche Katastrophen erleben, wie es selbst sie erlebt hat, versuchen Sie dem Kind bei der Verarbeitung des Traumas zu helfen, indem Sie einige der im vorigen Kapitel besprochenen Techniken und Strategien benutzen.

Wenn Sie sich Sorgen wegen einzelner Verhaltensweisen machen, sprechen Sie mit dem Arzt oder der Ärztin des Kindes.

Falschinterpretationen, ein verändertes Selbst- oder Weltbild, magische Gedanken

Mara, der wir schon zuvor in einem Beispiel (s. S. 32) begegnet sind, hat den ersten Schock nach ihrem Unfall überwunden. Allerdings ist sie jetzt völlig verunsichert und weigert sich, alleine in die Schule zu gehen. Sie ist überzeugt, dass sie wieder angefahren wird, wenn kein Erwachsener dabei ist, der sie beschützt.

Wenn etwas Schreckliches passiert ist, wünscht man sich, es ließe sich ungeschehen machen. Wäre doch alles wie es vorher war als man noch an sich, an die Menschen, an die Natur und an die Welt glauben konnte! Da man das Schreckliche aber nicht ungeschehen machen kann, lässt sich vielleicht das Ereignis so »erklären«, dass das vorherige Weltbild nicht über den Haufen geworfen werden muss. Wenn man schikaniert oder von anderen Menschen verletzt wurde, könnte man sich einreden, es sei ja nichts Schlimmes passiert. Oder man leugnet, dass überhaupt etwas passiert ist. Der Körper und die Psyche aber haben den Schrecken erlebt und werden ihn nicht vergessen, geschweige denn verarbeiten. Diese Art der Uminterpretierung eines traumatischen Geschehens funktioniert daher nie.

Wenn man das Geschehene selbst nicht bagatellisieren kann, kann man das Ereignis vielleicht so uminterpretieren, dass man es irgendwie unter Kontrolle bringt. Wer sich beispielsweise einredet, den Überfall selbst verschuldet zu haben, weil man im Dunkeln spazieren gegangen ist, kann sich der Illusion hingeben, Überfälle in Zukunft verhindern zu können, wenn man fortan die Dunkelheit meidet. Man hat einen Weg gefunden, den Glauben an die Sicherheit zu behalten, wenn auch um den Preis einer sehr unzweckmäßigen Vermeidungshaltung (da man nun nicht mehr in der Dunkelheit aus dem Haus gehen kann).

Eine dritte Art der »Falschinterpretation« umfasst Überzeugungen, die man als »Lehre« aus dem Trauma zieht: »Autofahren ist gefährlich«, »Niemand mag mich«, »Ich mache immer alles falsch«. Solche Interpretationen tendieren zu starker Verallgemeinerung oder Überbetonung von Teilaspekten des schrecklichen Erlebnisses. Die Betroffenen übersehen, dass ihre neuen Überzeugungen nicht nur schief sind, sondern dass sie auch die eigene Zukunft gefährden.

Mögliche »Falschinterpretationen« nach einem Trauma:

- Ich bin ein Pechvogel, mir passieren immer schlimme Sachen.
- Ich darf nie meine Gefühle zeigen, sonst laufe ich Gefahr, zu zerbrechen.
- Ich bin nicht wert, geliebt und beschützt zu werden.
- Autofahren ist gefährlich.
- Ich darf niemandem vertrauen.

Bei sehr starken Verschiebungen des Selbst- oder Weltbilds kann eine gute Therapie helfen. Sie wird sich zum Ziel machen, dem Patienten zu helfen, solche falschen Überzeugungen zu hinterfragen und ins rechte Licht zu rücken. Doch auch Eltern können in gemeinsamen Gesprächen falsche Interpretationen aufdecken und sachte an ihnen rütteln. Achten Sie darauf, ob Sie in gemeinsamen Gesprächen etwas darüber erfahren, wie Ihr Kind das Trauma erklärt und welche Schlussfolgerungen es daraus zieht. Bringen Sie Verständnis für solche Falschinterpretationen auf – sie helfen dem Kind, das Trauma zu verstehen. Bestreiten Sie nicht einfach die Richtigkeit der Interpretation – Ihr Kind muss selbst zur Erkenntnis kommen, dass seine oder ihre Erklärung falsch ist. Sie können aber durch behutsame Gespräche Einfluss darauf nehmen, wie sich Ihr Kind das Trauma erklärt.

So kann man etwa das Kind, das sich für einen Pechvogel und ein »Opfer« hält, fragen, an welche schönen Ereignisse es sich erinnert. Sie können ruhig ein bisschen nachhelfen: »Weißt du noch, als du am Strand diese tolle Muschel gefunden hast?« »..., als die Verkäuferin dir gestern ein Geschenk gemacht hat?« Oder fragen Sie: »Weißt du, was das Wichtigste ist für mich im Moment? Dass ich dich wiederhabe und wir wieder zusammen sind, weil ich dich so liebe.« Oder lesen Sie zusammen eine Unfallstatistik und berechnen Sie, wie groß die objektive Gefahr ist, von einem Auto angefahren zu werden. In jedem Fall sollte Ihr Kind beginnen, sich Gedanken darüber zu machen, was es selbst tun kann, um mögliche Gefahren zu reduzieren und zu kontrollieren (z. B. indem es an der Ampel auf Grün wartet, sorgfältig guckt, eine leuchtende Armbinde trägt etc.).

Das Kind wird falsche Überzeugungen und Interpretationen erst ablegen, wenn es selbst die Dinge aus einem anderen Blickwinkel sieht. Deshalb ist es wichtig, dass Sie nicht einfach sagen: »So und so ist es«, sondern dem Kind Gelegenheit geben, seine Überzeugungen zu hinterfragen und auszutesten.

Fragen, um dem Kind bei einer »Neuinterpretation« zu helfen:

- Ist »nie« und »immer« das richtige Wort hier, oder ist es eher »manchmal«?
- Ist es »sicher« so oder nur »wahrscheinlich« oder »vielleicht«?

- Was hättest du getan, wenn du gewusst hättest, dass es so kommen würde?
- Konntest du wissen, dass das Unglück passieren würde?
- Verstehe ich dich richtig, dass du glaubst, dass ... (sprechen Sie die Überzeugung aus oder bringen Sie Ihr Kind dazu, sie auszusprechen! Wenn Sie ohne Sarkasmus sprechen, hilft es dem Kind vielleicht, eine gewisse Überzeugung als unrealistisch zu entlarven).
- Ich verstehe, dass du nie wieder aus dem Haus gehen willst. (Solange Sie Ihr Kind zu »überreden« versuchen, von der Überzeugung zu lassen, wird es sich wehren. Wenn Sie die Überzeugung akzeptieren, wird es vielleicht plötzlich merken, dass es ganz so extrem nun doch nicht weitermachen will.)
- Wenn du so handelst (z. B. nie wieder aus dem Haus gehst), kannst du wirklich sicher sein, dass nichts Schlimmes mehr passiert? Aber wie sähe dein Leben denn dann aus, welche Auswirkungen hätte das für dich?
- Stell dir doch einfach mal vor, wie es wäre, wenn du es doch tätest (wenn du doch das Haus verlassen würdest) – wie würdest du dich fühlen, was könnte dir helfen?
- Wie oft hast du/haben wir vorher ähnlich gehandelt, ohne dass dabei ein Unglück passiert ist?
- Gibt es auch eine andere Erklärung für das Unglück?
- Welchen Schluss könnte man auch daraus ziehen?
- Was würde Superman/Wickie/Pippi Langstrumpf dazu sagen?
- Was würde es für dich bedeuten, wenn die Natur (Gott, der Zufall) so willkürlich zerstören kann?
- Wie wichtig war dieser Aspekt für den Ablauf des Unglücks?
- Gibt es nur schwarz und weiß (sicher/gefährlich, lieb/gemein usw.) oder gibt es auch etwas dazwischen?

Ohne dem Kind direkt zu sagen, wie es die Ereignisse interpretieren soll (es muss diese Erklärung ja selbst finden), sollten Sie doch eine Idee haben, welche Überzeugungen schädlich und welche fürs weitere Leben hilfreich sind.

Falschinterpretation	bessere Interpretationen
Ich bin in Gefahr, ich bin verletzbar, mir kann alles mögliche Schreckliche passieren.	Ich weiß, wie ich auf mich aufpassen kann. Ich habe viele Stärken. Wenn etwas passiert, dann lasse ich mir etwas zur Lösung des Problems einfallen.
Die Welt ist unberechenbar, gemein, unfair und voller Gefahren. Die Menschen sind schlecht.	Die Welt ist nicht immer berechenbar, aber meistens passieren mir gute Dinge. Wenn doch etwas Schreckliches passiert, ist das eine Ausnahme und zusammen mit meiner Familie meistern wir das Problem. Die meisten Menschen sind mir wohl gesonnen.
Ich kann mich auf niemanden verlassen. Wenn ich jemandem vertraue, werde ich enttäuscht.	Es gibt Menschen, denen ich vertrauen kann. Vertrauen lohnt sich. Ich lerne, zwischen »blindem« Vertrauen und »verdientem« Vertrauen zu unterscheiden.
Ich kann mich auf mich selbst nicht verlassen. Ich kann mich nicht auf meinen Körper verlassen.	Ich lerne, meine Gefühle besser zu verstehen und besser auf mich aufzupassen. Mein Körper ist mein Freund, den ich achten will.
Ich bin dumm, schlecht, hässlich, nicht liebenswert, schuldig etc.	Ich bin liebenswert. Ich habe es nicht verdient, dass man mir wehtut. Niemand darf anderen Menschen wehtun. Wenn mir etwas Schlimmes passiert, dann ist das nicht meine Schuld.
Ich bin hilflos und kann mich nicht wehren. Was ich auch tue, es ist sowieso egal.	Es gibt viele Dinge, die ich tun kann. Ich gebe nicht so schnell auf und überlege immer, wie ich mir selbst helfen kann. Ich habe Einfluss auf andere Menschen und auf meine Situation.

Je jünger die Kinder sind, desto größer ist auch die Wahrscheinlichkeit, dass sie sich eine Erklärung für das Trauma zurechtlegen, die völlig »irrational« ist. Kleine Kinder denken anders als Erwachsene: Sie sehen sich im Mittelpunkt des Weltgeschehens, alles um sie herum hat mit ihnen zu tun. Sie glauben eine Art »Allmacht« zu haben und können auch schon mal durch entsprechende Gedanken verursachen, dass etwas Böses geschieht. Dinge und Tiere sind menschlich und können zuweilen denken oder sprechen. Und natürlich gibt es böse Geister, Feen, Hexen und Monster. Der magische Glaube kann mit einem guten Realitätssinn einhergehen, das ist für Kinder kein Widerspruch. Man muss Kindern diesen Glauben nicht ausreden, aber Eltern sollten darum wissen, wenn sie ihr Kind verstehen wollen.

Ein Trauma kann nicht nur die Lebenssituation einschneidend verändern, sie kann auch die Persönlichkeit des oder der Betroffenen nachhaltig verändern. So wird vielleicht aus einem fröhlichen, unbeschwerten Mädchen nach einem Unfall, bei dem die Mutter stirbt, ein trauriges und unsicheres Mädchen voller Ängste und Schuldgefühle.

Wenn Sie die Hinweise in diesem Buch anwenden, können Sie Ihrem Kind helfen, das Trauma zu akzeptieren und zu verarbeiten. Gleichzeitig ist aber wichtig, dass das Kind sich die Welt neu zusammensetzt. Diese neue Welt, die dem Trauma nachfolgt, muss aber nicht voller Trauer und Unsicherheit sein. Helfen Sie dem Kind, auch im neuen Lebensabschnitt schöne Momente zu erleben, Vertrauen zu gewinnen und an sich zu glauben!

Wut, Aggression, Selbstverletzungen

Tims Eltern haben sich tatsächlich getrennt – all sein Leugnen hat nichts genützt (s. S. 83). Die Kindergärtnerin bittet um ein Gespräch mit der Mutter, da Tim seit einiger Zeit in höchstem Maße aggressiv ist: Er schreit beim kleinsten Anlass und schlägt die anderen Kinder. Die Mutter ist nicht erstaunt, da sie selbst auch schon bemerkt hat, wie schnell Tim »explodiert«. Sie weiß nur nicht, wie sie dem begegnen soll. Und in wenigen Monaten soll Tim eingeschult werden ...

Es ist verständlich, dass ein Kind nach einem Trauma Wut spürt. Da Kindern oft aber nicht klar ist, warum oder auf wen oder was sie wütend sind (auf den Tod, den Unfall, das Schicksal, ihr Leben?), richtet sich ihre Wut meist gegen Personen, die gerade da sind. Natürlich fühlt sich das für die Menschen, die Zielscheibe dieser Wut sind, nicht sehr schön an. Falls Ihr Kind Sie beschimpft oder bedroht, nehmen Sie dies bitte nicht persönlich! Versuchen Sie herauszufinden, auf wen oder was sich die Wut des Kindes wirklich richtet. Sagt Ihr Kind zum Beispiel: »Ich möchte dich erschießen«, denken Sie nicht, Ihr Kind wolle wirklich Ihren Tod. Reagieren Sie mit Verständnis: »Mein Gott, du bist richtig wütend! Was für eine Kraft du hast! Es erschrickt mich, wenn du so was sagst!« Sie können Verständnis für die Wut ausdrücken und doch gleichzeitig betonen, dass Sie nicht wollen, dass Ihr Kind Dinge zerstört oder Menschen verletzt. Das Kind muss auf jeden Fall spüren, dass Sie die Stärke seiner Wut erkennen.

Für die Wut gilt, was für alle Gefühle gilt: Sie ist erlaubt und muss anerkannt werden. Das Ziel ist es nicht, Ihrem Kind zu verbieten, wütend zu sein. Die Frage ist vielmehr, wie es mit der Wut umgeht. Kinder, die aggressiv sind, also wirklich Menschen verletzen oder Dinge zerstören, leiden selbst unter ihrer Wut. Aggression fühlt sich zwar besser an, als die Hilflosigkeit und Angst still aushalten zu müssen, aber wirkliche Erleichterung bringt das aggressive Verhalten nicht. (Auch Rachegefühle bringen keine Erleichterung – es ist immer davon abzuraten, tatsächlich »Rache« zu begehen.) Welche Möglichkeiten gibt es also die Wut herauszulassen, ohne Dinge oder Menschen zu verletzen?

Reden Sie mit Ihrem Kind darüber, was es so wütend macht! Stellen Sie klare Regeln auf, was erlaubt ist und was nicht. Erklären Sie, warum aggressives Verhalten nicht gut ist: Betroffene, die aggressiv, wütend oder rachsüchtig reagieren, vereinsamen zunehmend, da sich andere Menschen von ihnen abwenden. Die Wut wird dann auch nicht weniger – im Gegenteil, man leidet immer mehr. Diskutieren Sie, ob man aus Wut einen anderen Menschen schlagen oder verletzen darf. Bei kleinen Kindern eignen sich vielleicht Geschichten, die erzählt werden können: vom kleinen

Bären, der so wütend war, dass er seinen besten Freund, den Tiger, von der Brücke geschubst hat. Kann Ihr Kind dies verstehen? Wie ist die Geschichte wohl weitergegangen? Wie hat sich der Tiger gefühlt? Haben sich die beiden wieder vertragen?

Wahrscheinlich ist es nicht mit einem einzigen Gespräch getan. Wenn Ihr Kind älter ist, schlagen Sie vor, dass es Tagebuch schreibt oder Briefe, die es nicht abschicken muss. Bewerten Sie nicht die Gedanken und Gefühle, die Ihr Kind Ihnen anvertraut, aber äußern Sie Verständnis dafür, dass es wütend ist. Helfen Sie Ihrem Kind auch, konstruktive Wege zu finden die Wut herauszulassen. Hier einige Vorschläge:

- das Wutgefühl aussprechen oder niederschreiben,
- aktiv werden: die Hecke schneiden, Schnee schippen, Laub harken, Sport machen, joggen, Teppiche klopfen usw.,
- ein Bild malen,
- mit einem Tennisschläger auf Kissen einschlagen, mit Boxhandschuhen einen hängenden Sack traktieren,
- dafür vorgesehene Dinge kaputt machen (Wegwerfgläser im Eimer zertrümmern, Zeitungspapier zerfetzen),
- was fällt Ihnen noch ein?

Es ist wichtig, das Aggression nicht »entschuldigt« oder bagatellisiert wird. Kinder sollen verstehen, dass aggressives Verhalten nicht akzeptabel ist und dass sie den Besitz von anderen nicht zerstören und dass sie weder Tiere noch andere Menschen verletzen dürfen. Wenn Ihre Kinder dies tun, sind sie in Not. Ihr Verhalten muss, wenn es kein einmaliges Vergehen ist, Konsequenzen nach sich ziehen. Allerdings haben Eltern nur dann Erfolg, wenn sie gleichzeitig den Kindern das Gefühl vermitteln, trotz allem geliebt und unterstützt zu werden. Sie lehnen die verletzende Handlungsweise ab, nicht aber das Kind!

■ Nicht das Kind ist schlecht, sondern nur die aggressive Tat!

Kinder und Erwachsene, die ausgesprochen aggressiv sind, haben meist verschiedene Schwierigkeiten. Dazu kann ein niedriges

Selbstwertgefühl, die Unfähigkeit, Impulse zu kontrollieren und auch die Unkenntnis der eigenen Gefühle gehören. Überlegen Sie, welche der Gründe für Ihr Kind zutreffen könnte und »behandeln« Sie dann den jeweiligen Aspekt. Sie haben bereits Hinweise erhalten, wie Sie das Selbstwertgefühl Ihres Kindes erhöhen können. Zusätzlich ist es aber auch wichtig, dass Ihr Kind die eigenen Gefühle erkennt. Wenn es gleich haut oder schreit, ist es sich vielleicht gar nicht bewusst, dass es wütend ist. Lesen Sie gegebenenfalls nochmals das Kapitel »Gefühle zulassen«. Ihr Kind muss lernen, die eigenen Gefühle zu erkennen und zu artikulieren. Vor allem muss es Gefühle und Taten trennen! Wütend zu sein ist eine Sache, schreien und hauen aber sind Taten, die vom Gefühl getrennt sind. Man kann wütend sein, ohne zu schreien. Sprechen Sie über Gefühle, machen Sie Spiele, lesen Sie Geschichten vor, die von Gefühlen handeln. Je besser Ihr Kind die Sprache der Gefühle beherrscht, umso weniger wird es sich den Gefühlen ausgeliefert fühlen.

Impulskontrolle will geübt werden. Manchen Menschen fällt dies schwerer als anderen, aber jeder Mensch kann lernen, seine Impulsivität besser unter Kontrolle zu bringen. Üben Sie mit Ihrem Kind »Beherrschung«, indem Sie zum Beispiel Verlieren-Können in Spielen trainieren oder sich ein bestimmtes Wort einfallen lassen, das dem Kind signalisiert: »Hoppla, erst einmal überlegen.« Setzen Sie auch eine »Auszeit« ein, um der Aggressivität Ihres Kindes zu begegnen. Auf jeden Fall muss Ihr Kind wissen, dass blinde und verlet-zende Aggressivität nicht geduldet wird. Wenn Sie »kleine« Gewalt zulassen, etwa verletzende Worte, folgt die größere Gewalt sicherlich auch. Achten Sie deshalb auf einen respektvollen Umgang innerhalb der Familie – und halten Sie sich selbst natürlich auch daran.

Manche Kinder richten ihre Aggressionen nicht gegen Andere, sondern gegen sich selbst. Es ist furchtbar für Eltern, wenn sie mitbekommen, dass ihr Kind sich absichtlich selbst wehtut. Tatsächlich fügen sich erschreckend viele Kinder Verletzungen zu. Dies können beispielsweise Messerschnitte, Haare ausreißen, Nadelstiche sein. Besonders ältere Kinder und Jugendliche, die missbraucht worden sind, tendieren zu solchen Reaktionen. Was steckt dahinter?

Zum einen haben Kinder Wut und wissen nicht, wie sie damit umgehen können. Die Wut kann sich gegen Personen richten, die ihnen etwas angetan haben, meist ist es jedoch Wut gegen sich selbst: Scham oder Selbstverachtung. Im Inneren schreit das Kind, doch der Schrei kommt nicht heraus, lässt sich nur in Form von Selbstverletzungen ausdrücken. So lässt sich Selbstaggression als Ruf nach Hilfe verstehen, doch leider werden Eltern, wenn sie helfen wollen, meist abgewiesen.

Ein anderer Grund, der zu Selbstverletzungen führt, ist die Unfähigkeit von Kindern, etwas zu fühlen. Es schreit nichts in ihnen, sondern da ist absolute Stille. Dies ist oft der Fall, wenn Kinder über einen längeren Zeitraum schreckliche Erlebnisse hatten, die nicht verarbeiten werden können – also hören die Betreffenden einfach auf zu fühlen. Statt sich immer wieder terrorisieren zu lassen, tut einem der eigene Körper den Gefallen »abzuschalten« (man spricht hier von Dissoziation). Nachteil ist, dass diese Personen auch keine Freude mehr empfinden können. Kinder, die in einer solchen tauben Welt leben, fügen sich oft deshalb absichtlich Schmerzen zu, weil sie so zumindest zeitweise ihren Körper wieder fühlen.

Vorhaltungen nützen da wenig. Ihre Kinder müssen lernen, ihre Wut zu akzeptieren und auszudrücken, die Scham zu überwinden und Selbstachtung zurückzugewinnen. Bei Gefühlskälte und Dissoziation hilft nur eine Therapie, in der die abgespaltenen Gefühle erkannt und wieder integriert werden. Es hilft Betreffenden auch, mit Personen zu sprechen, die ähnliche Probleme haben oder hatten. Alleine sind Sie mit einem selbstverletzenden Kind überfordert, holen Sie Hilfe!

Schuldgefühle und Scham

Wir haben Frank, dessen Schuldgefühle sogar zu einem Suizidversuch geführt haben, bereits kennen gelernt (S. 39). Ein Therapeut fand heraus, wieso Frank sich schuldig fühlte: Es war seine Idee gewesen, ins Meer zu gehen, um auf den »Wellen zu reiten«. Als er jedoch von einer Welle dermaßen herumgewirbelt worden war, dass er »literweise« Wasser schluckte, schwamm er zum Strand und ließ den Freund zurück. Seitdem fantasiert er immer wieder, wie er, der stärkere Schwimmer, seinem Freund hätte helfen können.

Bestimmt hat Ihr Kind keine Schuld an dem traumatischen Ereignis. Und selbst wenn es beteiligt war an der Ursache des Unglücks (z. B. wenn es auf die Straße gelaufen ist, mit Zündhölzern gespielt hat etc.), hat es sicherlich ohne böswillige Absicht gehandelt. Doch ob Ihr Kind »objektiv« Schuld hat oder nicht, es wird wahrscheinlich Schuldgefühle in irgendeiner Form haben (s. auch Kapitel »Falschinterpretationen ...«).

Wieder mal ist von Ihnen eine Gratwanderung gefragt:

■ Machen Sie Ihrem Kind verständlich, dass es keine Schuld trägt, nehmen Sie aber andererseits die Schuldgefühle ernst.

Wenn Sie etwa sagen: »Quatsch, der Unfall hatte doch mit dir nichts zu tun!«, dann lassen Sie sich die Chance entgehen, herauszufinden, was Ihr Kind wirklich beschäftigt. Vielleicht war Ihr Kind kurz vor dem Unfall wütend auf den Fahrer und macht sich jetzt Vorwürfe, dass diese »Wut« den Unfall irgendwie ausgelöst hat. Lassen Sie Ihr Kind ausreden, um die Schuldgefühle aufzudecken. Auch wenn Sie genau wissen, warum das Kind sich schuldig fühlt, sollten Sie die Schuld nicht gleich wegwischen. Zwar ist es für das Kind eine große Erleichterung, wenn zumindest Sie das Kind nicht für schuldig halten, aber noch besser ist es, wenn es selbst versteht, dass die Schuldgefühle nicht berechtigt sind.

Fragen Sie zum Beispiel: »Was glaubst du wäre passiert, wenn du nicht wütend gewesen wärst?« Ihr Kind wird überlegen müssen, ob der fremde Wagen trotzdem von der Bahn abgekommen wäre. Wenn Sie Glück haben, wird es jetzt einsehen, dass der Unfall auch so geschehen wäre. Wenn dies nicht der Fall ist, dann fragen Sie weiter: »Warum warst du wütend?«, »Hast du gewusst, dass gleich das andere Auto auf die Bahn kommen würde?«, »Hättest du andere Gedanken gehabt, wenn du gewusst hättest, dass gleich ein Unfall bevorsteht?« Zumindest sollte Ihr Kind zu dem Schluss kommen, dass es den vermeintlichen Fehler nicht gemacht hätte, wenn es gewusst hätte, was passieren würde!

Beachten Sie bitte auch, dass ein Kind, dass sich selbst die Schuld an einer Katastrophe gibt, so der Illusion nachhängt, die Welt sei kontrollierbar. Zwar hat das Kind »versagt«, aber wenn es das nächste Mal alles richtig macht, dann kann es so eine erneute Katastrophe verhindern. Solange es Macht hat und die Dinge selbst kontrollieren kann, wird die Welt nicht als willkürlich und ungerecht empfunden. Allerdings ist die Vorstellung, man könne Katastrophen kontrollieren, wirklich eine Illusion und deswegen nützt dem Kind diese Schuldvorstellung auch nichts bei der Verarbeitung des Traumas.

Ist die Schuld real und nicht etwa eingebildet? Hätte Ihr Kind tatsächlich das traumatische Ereignis verhindern können, wenn es anders gehandelt hätte? Hat es vergessen, beim Überqueren der Straße nach links und rechts zu schauen? Hätte es einem Erwachsenen Bescheid sagen, Hilfe rufen oder besser aufpassen können? Lassen Sie Ihr Kind ausformulieren, was es hätte tun können oder wollen. Denken Sie das Szenario bis zum Ende durch. Was wäre anders gewesen? Wäre das Unglück vielleicht trotzdem gekommen? Wenn nicht, erlauben Sie Trauer darüber, dass dieses »glücklichere« Ende nicht Wirklichkeit geworden ist. Unterstützen Sie jeden Zweifel, den Ihr Kind an seiner oder ihrer Schuld hat. Zum Schluss sollten Sie dann doch, trotz allen Verständnisses für die schwierigen Gefühle Ihres Kindes, Ihre eigene Überzeugung ausdrücken, dass es unschuldig ist – wobei »Unschuld« so zu verstehen ist, dass das Kind schließlich das Unglück nicht wollte und mit mehr Information oder Erfahrung auf jeden Fall anders gehandelt hätte.

Menschen machen Fehler. Machen Sie Ihrem Kind klar, dass niemand unfehlbar ist und dies auch gar nicht wünschenswert wäre. Ein Kind, das nie Fehler macht, lernt nichts. Erst durch Fehler macht man wichtige Erfahrungen und bekommt die Chance, sich zu verändern und Dinge richtig zu machen. Manche »Lektionen« sind dabei vielleicht so hart und schmerzhaft, dass man an ihnen verzweifeln möchte. Und doch gibt es kaum einen Fehler, aus dem man nicht lernen und ein besserer Mensch werden kann.

Regen Sie Ihr Kind an, die verspätete Einsicht zu nutzen. Vielleicht kann es einen Brief schreiben, in dem es andere Kinder warnt, nicht den gleichen Fehler zu machen. Diesen Brief könnten Sie an eine Kinderzeitschrift senden mit der Bitte um Veröffentlichung. Oder Ihr Kind könnte in der Klasse von seiner Erfahrung berichten. Bitten Sie die Lehrerin oder Schulleitung, Ihrem Kind die Gelegenheit zu geben, sein neues Wissen den anderen Kindern mitzuteilen. Wenn Ihr Kind im Nachhinein das Gefühl hat, der Schaden habe auch etwas gutes bewirkt oder vielleicht anderen Menschen geholfen, kann es zumindest teilweise sein Erlebnis positiv bewerten und der vermeintlichen Schuld einen Sinn geben.

Scham

Es ist nicht schamvoll, einen Krieg zu erleben, von der Flut überrascht zu werden oder in einen Unfall verwickelt zu sein. Anders ist es, wenn das Unglück mutwillig durch einen anderen Menschen herbeigeführt wurde. Auf den ersten Blick scheint es nicht logisch, sich dafür zu schämen, das Opfer eines anderen Menschen geworden zu sein. Doch selbst Erwachsenen geht es so: Sie wollen oft nicht zugeben, dass sie bestohlen oder betrogen wurden, dass sie vergewaltigt oder auf der Arbeit gedemütigt worden sind.

Kinder haben es in dieser Hinsicht noch viel schwerer. Sie können noch viel weniger als Erwachsene verstehen, dass Dinge manchmal ohne Sinn passieren. In ihrem magischen Denken hat alles mit ihnen zu tun. Das bedeutet aber auch, dass der Täter sie auserwählt hat. Aber warum? Eben darin liegt die Scham. Irgendetwas muss sie auszeichnen, besonders hassenswert oder verachtenswert machen. Liebe, gute Kinder werden nicht gemobbt, missbraucht oder gequält, so fühlen sie.

Traumatische Erlebnisse, die über lange Zeiträume andauern oder sich oft wiederholen, haben verheerende Auswirkungen auf die kindliche Psyche. Das Kind hat nicht die Macht, die Erfahrung abzustellen – will es vielleicht auch gar nicht, weil beispielsweise im Fall sexuellen Missbrauchs Zärtlichkeiten geschenkt werden, die sich das Kind möglicherweise sehnlich wünscht –, und wähnt sich daher verantwortlich für den fortgesetzten Missbrauch.

Es mag Eltern sehr schwer fallen zu verstehen, warum sich ein Kind schämt für ein Unrecht, das ihm widerfahren ist. Schließlich sind die Anderen doch die Täter. Vielleicht sind Sie wütend auf die Täter und wünschten sich, Ihr Kind könne auch Wut empfinden. Das Kind kann aber keine Wut empfinden, solange es sich verantwortlich fühlt. Wahrscheinlich hat das Kind sehr unterschiedliche und sich widersprechende Gefühle und weiß selbst nicht genau, was es fühlt.

Wenn Ihr Kind ungern über das Geschehene redet und auch nicht will, das andere darüber reden, wenn es einen schuldbewussten Eindruck macht, dann schämt sich Ihr Kind vielleicht. Es wird auf direkte Fragen nicht ehrlich antworten. Versuchen Sie dann, Ihr Kind auf indirektem Weg zu erreichen. Erzählen Sie von eigenen, ähnlichen Erlebnissen, wenn Sie solche hatten. Oder erzählen Sie von fremden Menschen, die Ähnliches erlebt haben und sich danach geschämt haben. Fragen Sie dann, ob es Ihrem Kind vielleicht auch so geht. Wenn Ihr Kind dann doch beginnt, sich zu öffnen, hören Sie ruhig zu, nicken Sie und sagen nicht viel mehr als: »Ja, das verstehe ich!«

Es hilft Kindern auch, wenn sie mit anderen Kindern reden können, die ähnliche Erfahrungen gemacht haben – oder wenn sie zumindest in Büchern Geschichten lesen, mit denen sie sich identifizieren können.

Ängste, Panik und Phobien

Mara (s. S. 32 und 85) traut sich nach ihrem Unfall nicht mehr allein auf die Straße. Jeden Morgen muss ihre Mutter sie zur Schule begleiten. Nachmittags wird sie von einer Nachbarin abgeholt. Die Eltern hoffen, dass sich die Angst mit der Zeit legt. Stattdessen scheint sie schlimmer zu werden: Mara hat plötzlich auch Angst, mit dem Auto zu fahren.

Personen, die traumatische Erlebnisse hatten, entwickeln häufig Ängste und Phobien. Diese Ängste können mit dem Trauma zusammenhängen – Angst vor Feuer, vor Wasser, vor Gewalt, vor Krankheit –, sie können aber auch ganz willkürlich und ohne offensichtliche Verbindung zum Trauma entstehen.

Man kann die Ängste, die nach einem Trauma auftreten, auch neurowissenschaftlich erklären. Während des Traumas »registriert« das Gehirn verschiedene Dinge gleichzeitig: zum Beispiel Dunkelheit, fremder Mann, Überfall, Schmerz, Zittern, Todesangst, Verletzung, Herzrasen. Oder aber: sonniger Tag, Unbeschwertheit, Knall, Explosion, prasselnde Häuserteile, Schmerz, Todesangst. Im Gehirn werden Verbindungen hergestellt zwischen den einzelnen Dingen, so dass von nun an eine isolierte, objektive Erfahrung von beispielsweise »fremder Mann« fürs Erste nicht mehr möglich ist. Wann immer der oder die Betroffene ein Element der zusammen abgespeicherten Daten wahrnimmt – dies kann Dunkelheit, Zittern, ein lautes Geräusch oder auch eine an sich positive Erfahrung wie Sonnenschein sein –, dann werden alle anderen Elemente aktiviert. Das volle Programm läuft ab und geht mit physiologischen und biochemischen Reaktionen (z. B. Ausschüttung von Stresshormonen) einher. Dabei muss sich das Gehirn gar nicht bewusst »erinnern«, manchmal bricht man einfach in Schweiß aus, ohne dass man sich direkt an das Trauma erinnert. Erst wenn das Gehirn »umprogrammiert« wurde, kann es wieder Dunkelheit wahrnehmen, ohne gleich Herzrasen und Ängste einzuleiten.

Haben Sie Verständnis für die Ängste Ihres Kindes und bedrängen Sie es nicht, »mutig« zu sein. Lesen Sie vielleicht nochmals das Kapitel »Gefühle zulassen«, um mit dem Gefühl Angst umgehen zu können. Rechnen Sie auch damit, dass die vordergründige Angst eine tiefer liegende Angst verdeckt. Wenn Ihr Kind zum Beispiel nicht mehr von Ihrer Seite weichen will und sie nicht aus den Augen lassen kann, so hat es vielleicht Angst, dass Ihnen etwas zustoßen könnte, dass Sie sterben könnten oder dass es selbst sterben könnte. Fragen Sie behutsam nach, wenn Sie einen solchen Verdacht haben. Das Kind wird erleichtert sein, wenn es seine Sorgen und Ängste besprechen kann. Überlegen Sie gemeinsam: Wie wahrscheinlich ist das Ereignis, vor dem das Kind Angst hat? Was würde passieren, wenn dieser Fall wirklich einträfe? Hätten andere Kinder ähnliche Sorgen?

Nehmen Sie die Ängste Ihres Kindes ernst. Erlauben Sie Ihrem Kind, die bestehenden Ängste auszusprechen oder auch aufzuschreiben. Gerade bei Ängsten ist eine kreative Verarbeitung wie beim Schreiben sehr hilfreich. Kann das Kind noch nicht schreiben, so kann es seine Ängste vielleicht auch malen. Nach dem niederschreiben darf das Kind die Ängste weglegen. Erklären Sie dem Kind, dass die Ängste nun in dem Block oder Tagebuch stehen und da gut aufgehoben sind. Solange sie da stehen, kann sich das Kind auch wieder auf andere Dinge konzentrieren. Kommt die Erinnerung an die Ängste, soll sich das Kind sagen: Die Angst ist jetzt in der Schublade (im Schrank), da gehört sie hin. Wenn die Angst zu groß wird, kann das Tagebuch wieder rausgeholt werden für neue Einträge.

Falls Ihr Kind Ängste hat, die es daran hindern, einen normalen Tagesablauf zu haben, falls es nicht einschlafen kann, wichtige Dinge wie den Schulbesuch vermeidet oder nur mit großem Widerwillen ausführt, falls es regelrechte Panikanfälle bekommt, dann braucht es zusätzliche Hilfe. Besprechen Sie mit Ihrer Ärztin oder einem Psychologen, ob eine Therapie angebracht ist. Bevorzugt wird bei Angststörungen eine Verhaltenstherapie, die den Betroffenen hilft, die Ängste stufenweise zu überwinden. In manchen Fällen können – zumindest kurzzeitig – auch Medikamente eingesetzt werden.

An erster Stelle sollte zunächst die Aufklärung stehen. Angst und Panikanfälle können so beunruhigend sein, dass die Betroffenen »Angst vor der Angst« entwickeln. Herzrasen, Zittern, Schwitzen und Magenbeschwerden können die Betroffenen so überwältigen, dass sie sich nicht mehr als Herr über ihren eigenen Körper fühlen und Angst haben, ohnmächtig zu werden, sich übergeben zu müssen oder gar zu sterben. Es ist gut möglich, dass ihre Kinder solche physiologischen Symptome vorher noch nie bewusst erlebt haben und sich völlig von ihnen überwältigen lassen. Erklären Sie, dass die Ängste Ihres Kindes verständlich sind und dass physiologische Symptome Signale des Körpers sind, die schon in grauer Vorzeit in unseren Genen angelegt wurden. Herzklopfen, Zittern und Schwitzen gehen einher mit einem Anstieg des Adrenalinspiegels, der benötigt wird für den Fall des Weglaufens oder Sich-verteidigen-Müssens. Man stirbt nicht an diesen Symptomen, auch wenn es sich wirklich so anfühlt. Das Allerwichtigste: Die Symptome hören nach einiger Zeit auch wieder auf.

Beobachten Sie Ihr Kind und beantworten Sie folgende Fragen:

- Wie oft hat Ihr Kind Angst- und Panikanfälle?
- Wann kommen die Ängste und Anfälle?
- Wie geht Ihr Kind damit um?
- Wie reagieren Sie auf Ihr Kind?
- Wie beschreibt Ihr Kind, was in ihm vorgeht?
- Wovor hat Ihr Kind Angst? Kann es die Angst benennen?
- Was hilft in solchen Momenten?
- Welche Möglichkeiten sieht Ihr Kind, sich der Gefahr zu stellen? Mit anderen Worten, erkennt es Stärken an sich, die es vielleicht einsetzen kann?
- Welche Gedanken spielen sich im Kopf Ihres Kindes ab, wenn es Angst hat? Welche rationalen Erklärungen und welche Assoziationen hat es in Zusammenhang mit der Angst?

Natürlich wollen Sie Ihrem Kind/Ihren Kindern helfen und es ihm/ihnen so leicht machen wie möglich. Sie sehen, wie hilfsbedürftig und verängstigt Ihre Kinder nach dem Trauma sind, und würden sicherlich alles tun, damit sie keine Angst mehr zu haben brauchen. Die Lösung ist aber nicht, Kinder jetzt so zu verhätscheln, dass sie in dem Glauben, sie kämen allein nicht mehr zurecht, bestärkt werden. Wieder ist ein Spagat erforderlich: die Angst des Kindes verstehen, ihm Unterstützung zu geben und dabei doch Vertrauen haben, dass es seine Angst besiegen und Bewältigungsmechanismen lernen kann, um sich in Zukunft allein seinen Ängsten zu stellen.

Bemühen Sie sich, dieses tiefe Zutrauen zu vermitteln. Versuchen Sie auch, Ihre eigenen Ängste unter Kontrolle zu bekommen. Sie sind Vorbild für Ihr Kind, das Ihre Bewältigungsmechanismen imitiert. Wenn Sie vor Spinnen Angst haben und in Panik verfallen, sobald Sie ein Insekt sehen, dann geben Sie Ihre Angst zu, aber zeigen Sie dem Kind auch, dass Sie gegen die Angst ankämpfen. Sprechen Sie im Zweifelsfall mit Psychologen oder wenden Sie die nachfolgenden Tipps zunächst einmal auf sich selbst an.

Erklären Sie Ihrem Kind, dass es normal ist, Angst zu haben. Angst hilft dem Menschen, sich zu schützen und Vorkehrungen für Gefahren zu treffen. Allerdings tendieren wir dazu, uns die möglichen Gefahren schwärzer auszumalen als sie sind. Es kann daher nützlich sein, wenn man die Sorgen einmal »vernünftig« bespricht. Wie hoch ist die Gefahr, dass ein Mensch von einem Blitz getroffen wird? Kann man wirklich vor Angst sterben? Krabbeln Spinnen auf Menschen? Solche Gespräche müssen behutsam geführt werden, denn auf keinen Fall sollte die Botschaft sein: »Deine Angst ist doch sinnlos, also hör auf damit.«

Ängstliche Kinder, die kein besonderes Trauma erlebt haben, kommen häufig aus Familien, in denen sie über Gebühr »beschützt« werden und wo sie vor lauter Behütung nicht gelernt haben, dass sie selbst mit Problemen fertig werden können. Daher wird Eltern in solchen Fällen geraten, sich etwas zurückzunehmen und den Kindern mehr zuzutrauen. Wenn Ihr Kind allerdings ein Trauma erlebt hat, braucht es vor allem Beistand und Verständnis. Es ist nicht der richtige Zeitpunkt, ihr Kind gegen seinen Willen in die Selbstständigkeit zu schubsen. Andererseits spricht nichts dagegen, Ihr Kind, wo möglich, in seinem Selbstbewusstsein zu stärken.

Wenn Sie Ihrem Kind helfen wollen, seine Ängste zu bewältigen, verschaffen Sie sich zunächst einmal einen Überblick über die bestehenden Ängste. Am besten führen Sie ein Angstprotokoll, in dem Sie einige Tage lang Ihre Beobachtungen niederschreiben: Wann hat Ihr Kind Angst und wovor? Wie äußert sich diese Angst? Bitten Sie Ihr Kind auch um eine Bewertung von 1–10, wobei die 1 für sehr geringe Angst und die 10 für einen gigantischen Panikanfall steht. Falls Ihr Kind in psychologischer Behandlung ist, sollten Sie dies jedoch mit der behandelnden Person absprechen.

Tabelle 2: Beispielhafte Erfassung von Ängsten

Datum, Uhrzeit	15. Juni, 15 Uhr	16. Juni, 8.30 Uhr
Dauer	½ Stunde	20 Minuten
Was löste die Angst aus?	Auf dem Nachhauseweg vom Kindergarten: ein Krankenwagen mit Blaulicht fuhr vorbei.	bevorstehende Trennung von mir im Kindergarten
Angstsymptome	Klara zuckte zusammen, weinte, zitterte.	weinen
Intensität der Angst (1–10)	9	7
Was tut das Kind?	Sie weigert sich weiter zu gehen.	Klara bat: »Geh nicht!«
Was tut die Umwelt?	Ich setzte mich ½ Stunde mit ihr auf eine Bank.	Ich küsste sie, sprach beruhigend, dann übernahm die Erzieherin sie.

Nehmen Sie sich nach einigen Tagen Zeit, das Aufgeschriebene zu analysieren. Gibt es bestimmte Tageszeiten, an denen Ihr Kind besonders anfällig ist? Was können Sie tun, um in diesen sensiblen Zeiten das Kind abzulenken, zu stärken und zu entlasten? Wenn Sie kurz vor einer »kritischen« Tageszeit Ihrem Kind die Möglichkeit geben, sich körperlich auszutoben, senken Sie das Risiko eines Angstanfalls.

Was Ihrem Kind helfen kann:

- ein Kinderlicht gegen die Dunkelheit während der Nacht,
- Kuscheltier,
- Trillerpfeife,
- Glücksbringer,
- Medaillon,
- ein Foto der Eltern in der Tasche,
- sich gedanklich Hilfe holen (eine »Zauberformel«, Gebete, Denken an verstorbenen Elternteil etc.),
- ein besonderes T-Shirt mit magischer Schutzfunktion,
- was käme für Ihr Kind in Frage?

Sobald Sie ein klares Bild davon haben, wovor Ihr Kind die meiste Angst hat (z. B. vor fremden Männern oder vor Feuer), denken Sie sich einige Dinge aus, die weniger bedrohlich sind, aber dennoch Ihr Kind nervös machen. Es sollten Dinge sein, mit denen Sie Ihr Kind behutsam konfrontieren können, um es langsam an die Angst heranzuführen. Diese Gegenstände oder Situationen sollen dann in eine Reihenfolge gebracht werden von kaum bedrohlich bis hin zu den Dingen, die während Ihrer Beobachtung die größte Angst ausgelöst haben.

Eine solche Skala könnte zum Beispiel für ein Kind, das einen Unfall miterlebt hat und sich jetzt weigert, in ein Auto zu steigen, so aussehen:

- gemeinsam ein Buch über Autos lesen,
- mit einem Spielzeugauto spielen,
- eine Straßenszene malen,
- einen Film über Autos sehen,
- den Verkehr aus dem Wohnungsfenster heraus betrachten,
- dem Verkehr vom Straßenrand aus zusehen,
- sich eine Autofahrt vorstellen oder gemeinsam erzählerisch gestalten,
- sich in ein Auto setzen, ohne zu fahren,
- sich in ein Auto setzen, den Motor laufen lassen und wieder aussteigen,
- mit der Straßenbahn fahren,
- eine kurze Strecke (zur Straßenecke und zurück) mit dem Kind im Auto fahren,
- eine etwas längere Strecke mit dem Auto zurücklegen.

Natürlich müssen Sie ein solches »Programm« auf Ihr Kind und die besondere Situation abstimmen. Sinn dieser Übung ist es, dass Ihr Kind mit Dingen konfrontiert wird, die Ängste auslösen, die es aber beherrschen kann und so sich selbst als stark genug erlebt, um diese Angst auszuhalten. So lernt es, dass man vor der Angst nicht immer wegzulaufen braucht, sondern dass man sie überwinden kann. Übereilen Sie nichts, aber lassen Sie dem Kind auch nicht zu viel Zeit, ehe Sie zur nächsten Stufe übergehen. Wenn Ihr Kind eine neue Stufe nicht schafft, dann lassen Sie sich eine Zwischenstufe einfallen. Erklären Sie Ihrem Kind vorher, was Sie vorhaben, und klären Sie es darüber auf, dass eventuelle Angstsymptome in wenigen Minuten von selbst abflauen und dass es darauf ankommt, diese auszuhalten. Loben Sie es sehr, wenn es sich auf das »Experiment« einlässt (denn die Anstrengung zählt), und noch mehr, wenn es die Konfrontation tatsächlich durchsteht. Wenn es nicht klappt, dann sind die Aufgaben noch zu schwer und Sie müssen sich etwas Leichteres ausdenken.

Hier sind einige Ideen, die sich für solche schrittweise Desensibilisierung eignen:

- Bücher und Filme zum Thema,
- Spielzeuge (Stofftiere, Autos, Feuerwehruniformen usw.),
- Gespräche über das Thema,
- Bilder malen,
- Geschichten ausdenken oder aufschreiben,
- Dinge nicht wirklich tun, sie sich aber vorstellen oder nachspielen,
- sich für wenige Sekunden in eine gefürchtete Situation begeben.

Während sich das Kind der Angst stellt, braucht es zunächst Unterstützung. Helfen Sie eventuell mit Ansporn (»Nur noch zwei Minuten, dann hast du es geschafft!«), mit Atemübungen (s. Kapitel »Entspannung«), Lob (»Toll wie du das machst!«). Geben Sie dem Kind ein Kuscheltier oder einen anderen Mutmacher zur Hand! Eventuell eignen sich auch Verstärker – das bedeutet, Ihr Kind erhält für jede Konfrontation einen »Punkt« (in Form von Murmeln, Knöpfen, ausgemalten Luftballons etc.), die es dann gegen eine Belohnung eintauschen kann (5 Punkte = ein Kinobesuch oder Ähnliches). Der »Druck«, den Sie ausüben, sollte anfeuernd wirken, aber auf keinen Fall zum Gefühl des Versagens führen, falls Ihr Kind die Übung abbricht. Bei Abbruch machen Sie keine Vorwürfe, sondern sagen, Sie werden morgen eine leichtere Übung machen, damit dem Kind der Anschluss wieder gelingt. Seien Sie selbst bitte auch nicht enttäuscht, es wird sicherlich einige Rückschritte geben, aber am Ende geht es bestimmt vorwärts. Ziehen Sie langsam Ihre Unterstützung zurück, damit Ihr Kind lernt, sich alleine der Angst zu stellen.

Ihr Kind wird sehr stolz sein, wenn es sich langsam den gefürchteten Dingen annähert und sich »traut«. Erlauben Sie Ihrem Kind, ängstlicher oder vorsichtiger als andere Kinder zu sein. Nicht an ihnen soll es gemessen werden, sondern an seinem Zustand, als die Angst seinen Höhepunkt hatte. Gemessen daran wird Ihr Kind bald Erfolg haben und Anerkennung verdienen. Es gibt sehr gute

Kinderbücher zu dem Thema Angst, die Sie sich in einer Kinderbuchhandlung zeigen lassen können!

Intrusionen, Flashbacks, Überflutung, Albträume

Carina (s. S. 10) wurde jahrelang von ihrem Klavierlehrer missbraucht. In einer Therapie werden die verschiedenen Symptome deutlich. Was Carina und ihre Eltern lange Zeit als Unkonzentriertheit und »Träumerei« bewertet hatten, sind tatsächlich Momente, in denen Carina von Erinnerungen heimgesucht wird. Wenn sich eine solche ungebetene Erinnerung einstellt, nimmt Carina nicht mehr wahr, was um sie herum vorgeht.

Wenn Betroffene nicht gerade alle Erinnerung an das Trauma verdrängen, dann werden Sie mit hoher Wahrscheinlichkeit immer wieder an gewisse Szenen denken. Das ist normal. Diese Erinnerungen können die gleichen Symptome und Gefühle auslösen wie im Trauma selbst. Das heißt, wer sich erinnert, fängt wieder an zu zittern, Angst zu haben, sich überwältigt zu fühlen. Mit der Zeit lassen diese Erinnerungen nach. Wenn Erinnerungen allerdings immer wieder kommen, ohne an Intensität nachzulassen, und wenn diese Erinnerungen einen plötzlich und unerwartet überfallen, dann spricht man von Intrusionen oder Flashbacks. (Intrusionen sind ungebetene Gedanken, die sich einschleichen, während Flashbacks den Betroffenen das Gefühl geben, sie seien für einen Moment wieder mitten im traumatischen Geschehen.) So überquert ein Unfallopfer eine Straße und wird plötzlich von den Bildern des Zusammenstoßes überwältigt – mit allen Geräuschen, Bildern und Emotionen. Einen Moment lang verliert die Person die Orientierung.

Wissenschaftliche Untersuchungen haben gezeigt, dass der Versuch, solche Gedanken zu unterdrücken, keinen Erfolg hat – im Gegenteil. Unerwünschte Gedanken treten häufiger auf, wenn Sie unterdrückt werden sollen. Falls Ihr Kind Intrusionen oder Flashbacks hat, erklären Sie Ihrem Kind, dass dies eine normale Reaktion ist. Erklären Sie auch, dass der Körper dann reagiert, als sei die Gefahr tatsächlich wieder da. Man könne aber dem Körper helfen, sich wieder zu beruhigen. Dies geht, indem man bewusst atmet und die Gedanken wieder in die Gegenwart zurückholt: Zum Beispiel kann man sich in solchen Momenten auf ein Bild konzentrieren, die Dinge im Raum ansehen und beschreiben, den Blick wandern lassen von links nach rechts oder langsam umhergehen. Überlegen Sie mit Ihrem Kind, was am geeignetsten ist, und üben Sie verschiedene Strategien.

Wenn Ihr Kind Intrusionen hat, kann eine gute Verhaltenstherapie helfen. Diese basiert auf der Erkenntnis, dass nicht die Erinnerung selbst das Problem ist, sondern vielmehr die damit einhergehenden Gefühle. So bitten Therapeuten ihre Patienten, sich zu »erinnern«, und begleiten die Betroffenen durch diese Erinnerungen. Eine Methode ist beispielsweise die Intensität der Gefühle, die beim Erinnern aufkommen, auf einer Skala von 0 bis 10 zu messen. Die Erinnerung wird ausführlich beschrieben, mit allen dazugehörigen Sinneswahrnehmungen. Kinder können die Erinnerung auch malen oder spielen. Eventuell wird eine Kassette von dieser Erinnerung aufgenommen. Dann lernen die Patienten gewisse Entspannungstechniken und werden aufgefordert, sich die Kassette immer wieder abzuspielen. So »gewöhnen« sie sich mit der Zeit an die Erinnerung. Am Ende einer solchen Therapie (die zwischen 6 und 15 Sitzungen dauert) sollte der Patient eine sehr viel kleinere Nummer auf der Skala eintragen als zu Beginn der Therapie.

Eltern sind keine Verhaltenstherapeuten. Wenn Ihr Kind also tatsächlich unter Flashbacks oder Zwängen leidet, dann braucht Ihr Kind professionelle Hilfe. Sie können aber den Heilungsweg unterstützen, indem Sie Ihrem Kind immer wieder anbieten, die Erinnerungen auszusprechen oder auszuspielen, und dafür sorgen, dass Ihr Kind während dieser Erzählungen Sicherheit und Vertrauen spürt (s. auch Kapitel »Miteinander reden«).

Wenn Ihr Kind durch Vermeidung bestimmter Dinge, Menschen oder Situationen versucht, die Erinnerungen zu unterdrücken, unterstützen Sie diese ineffektive Art der Verarbeitung nicht. Natürlich sollen Sie Ihr Kind zu nichts zwingen, seien Sie verständnisvoll und behutsam. Drücken Sie aber Zuversicht und Vertrauen aus, dass Ihr Kind sich langsam wieder ans alltägliche Leben gewöhnen wird. Überlegen Sie sich eine Strategie der kleinen Schritte, die das Kind nach und nach machen und wodurch es das Vermeidungsverhalten langsam abbauen kann (s. auch Kapitel »Ängste ...«).

Ein Symptom der posttraumatischen Belastungsstörung ist, dass die Betroffenen manchmal so sehr ihren Intrusionen ausgeliefert sind, dass es scheint, als stünden sie dann nicht in der realen Welt. Sie werden entweder »überflutet«, so dass die Außenwelt nicht mehr zu ihnen vordringt, oder sie werden starr und taub, als ob nichts durch die dicke Mauer, die sie um sich errichtet haben, durchdringt (Dissoziation). In solchen Situationen können Sie Ihren Kindern helfen, die Realität um sie herum wieder wahrzunehmen.

Leiten Sie Ihr Kind an, richtig zu atmen (s. Kapitel »Entspannung«). Fragen Sie behutsam: »Spürst du die Füße auf dem Boden? Kannst du die Bilder an der Wand beschreiben? Nenne mir drei Dinge, die man zum Kuchenbacken braucht.«

Albträume sind Intrusionen, die während des Schlafs eintreten. Sie sind Beweis dafür, dass das Trauma noch nicht »verarbeitet« wurde. Sobald das Kind die Kontrolle über sich und das Trauma wiedererlangt, werden Albträume seltener. Bei kleinen Kindern kommt erschwerend hinzu, dass sie Gedanken, Flashbacks und Albträume so erleben, als würden die schrecklichen Dinge wirklich geschehen.

Bitten Sie Ihr Kind, die Albträume zu beschreiben und – je nach Alter – vielleicht auch malen. Ihr Kind soll lernen, die Bilder und Vorstellungen der Träume »auszuhalten« und sich langsam – in Ihrem Beisein – zu beruhigen. Leiten Sie Ihr Kind dazu an, im Wachzustand die Träume neu zu erzählen. Was würde dem schrecklichen Monster Einhalt gebieten? Was hätte das Kind tun können? Fordern Sie Ihr Kind auf, den Traum neu zu gestalten. Im Wachzustand kann sich ihr Kind eine mögliche Lösung für den Traum ausdenken, in der die Gefahr gebannt und das Kind gerettet wird. Besprechen Sie diese Traumvariante und erklären Sie dann

Ihrem Kind, dass es die gefundene Lösung das nächste Mal im Traum hinzuziehen kann!

Zwangshandlungen

Carina hat noch weitere Symptome, die ihr und den Eltern zunächst nicht aufgefallen waren. Um ihren »dreckigen« Körper zu kontrollieren, hat sie einen Waschzwang entwickelt. Mehrmals am Tag, oft jede Stunde, geht sie ins Bad und wäscht sich Hände, Gesicht und mehr.

Manchmal bleibt es nach traumatischen Erfahrungen nicht bei obsessiven Gedanken – es kommt auch zu Gewohnheiten und Handlungen, die zwanghaft ausgeführt werden und außer Kontrolle geraten. Diese Handlungen können zunächst beruhigend wirken, sie werden jedoch schnell so mächtig, dass nun auch diese Zwänge außer Kontrolle geraten.

Typische Zwänge nach einem Trauma:

- häufiges Händewaschen,
- Horten (von Gegenständen),
- wiederholtes Nachprüfen, ob Dinge noch so sind, wie sie sein sollen,
- mantraartiges Wiederholen von irgendwelchen Sätzen, Formeln oder Redensarten,
- häufiges Aufs-Klo-Gehen,
- ritualartiges Berühren von bestimmten Gegenständen, wobei auch immer die gleiche Reihenfolge eingehalten werden muss.

Fragen Sie sich zuerst, ob das Verhalten Ihres Kindes anders erklärbar ist. Kinder gehen auch ohne jeden traumatischen Anlass durch Phasen, in denen sie wie von Zwängen getrieben zu sein scheinen (wenn sie z. B. auf dem Gehweg nicht auf Ritzen treten wollen, stur an Ritualen und Gewohnheiten festhalten wollen, Dinge sammeln usw.). Dies ist völlig normal und kein Grund zur Besorgnis. Auch wenn das Kind nach dem Trauma nicht mehr ohne das geliebte Stofftier aus dem Haus gehen will, ist kein Anlass zur Sorge gegeben. Schlimm werden Zwangshandlungen erst, wenn der oder die Betroffene diese Dinge eigentlich nicht tun *will*, um die Sinnlosigkeit dieser Handlungen weiß, sie trotzdem nicht unterlassen *kann* und offensichtlich darunter *leidet*!

Häufig sind Zwänge mit magischen Gedanken verbunden. So zum Beispiel, wenn Ihr Kind glaubt, es könne das gestorbene Geschwister wieder zurückbringen, wenn es jeden Tag bestimmte Rituale oder Handgriffe ausführt. Nicht immer wissen die Erwachsenen, dass ihre Kinder solche irrationalen Gedanken haben. Versuchen Sie herauszufinden, welche Gedanken hinter der Handlung des Kindes stehen, und besprechen Sie diese. Holen Sie sich Rat bei Therapeuten.

Wie wir bereits erkannt haben, verschwinden Ängste nicht, wenn man sie vermeidet. Wer bestimmte Handlungen einsetzt, um innere Ängste zu kontrollieren, wird dadurch seine Angst nicht los und handelt sich zudem noch ein neues Symptom ein, das manchmal problematischer wird als die zugrunde liegende Angst. Zwänge sind wie Lawinen – je mehr man sich ihnen hingibt, desto mächtiger werden sie.

Wer jedoch einem Zwang widersteht und die Unruhe und Angst, die sich bei Nichtvollziehen der Handlung womöglich einstellt, aushält, wird schon nach wenigen Minuten merken, dass der Drang zum Zwang wieder nachlässt. Oft genügen einige Tage der Unterdrückung des Zwangs, um ihn wieder loszuwerden.

Doch ganz so einfach ist es nun auch nicht immer. Zunächst möchte ich Sie dringend warnen, Ihrem Kind einfach zu »befehlen«, seine Zwänge zu unterdrücken.

- Die Not, die das Kind in den Momenten empfindet, wenn es den Drang zum Zwang spürt, ist sehr groß. Es braucht Verständnis und auf keinen Fall Ihre Ungeduld, Wut oder Verachtung.

Wie bei der Angstbewältigung so eignen sich auch bei Zwangshandlungen Strategien der kleinen Schritte. Was wäre ein erster kleiner Schritt in Richtung Befreiung vom Zwang? Muss Ihr Kind immer wieder aufs Klo oder wäscht es sich alle fünf Minuten die Hände? Dann beginnen Sie vielleicht mit einem Zeitpunkt, an dem Ihr Kind weniger angespannt ist als zu anderen Zeiten – vielleicht kurz nach dem Bad? Bitten Sie Ihr Kind, es eine halbe Stunde lang auszuhalten ohne dem Zwang nachzugeben. Während dieser Zeit machen Sie etwas Schönes und anschließend loben Sie Ihr Kind sehr! Ist Ihr Kind von einem Sammeldrang besessen, beginnen Sie mit einem bestimmten Objekt, dass es von nun an nicht mehr sammeln soll. Stellen Sie eine Belohnung in Aussicht und benutzen Sie ein Punkte- beziehungsweise Verstärkersystem.

Machen Sie zwischendurch immer wieder Entspannungsübungen und stärken Sie das Selbstbewusstsein Ihres Kindes (wie zuvor bereits beschrieben).

Konzentrieren Sie sich nicht nur auf die Handlungen und Gedanken Ihres Kindes, die Sie sich wegwünschen. Überlegen Sie auch, was Ihr Kind stattdessen tun könnte. Bieten Sie Aktivitäten an, Spiele, Gespräche. Lassen Sie sich von den Vorschlägen in diesem Buch inspirieren.

Physische Symptome und Krankheiten

Ein letztes Symptom, das die Therapeutin ebenfalls mit dem Missbrauch in Verbindung setzt, ist Carinas Bauchschmerz. Ärztliche Untersuchungen haben keine Ursache finden können. Ein weiterer Hinweis darauf, dass die Bauchschmerzen psychische Ursachen haben, ist die Tatsache, dass die Bauchschmerzen immer vor der Therapiesitzung, in der es ja um den Missbrauch geht, stärker auftreten.

Psyche und Körper sind voneinander abhängig und beeinflussen einander. Diese Interdependenz wird von zahlreichen Studien wissenschaftlich belegt. Man weiß beispielsweise, dass Stress und Sorgen neurochemische Vorgänge im Gehirn auslösen, die das Befinden und die Gesundheit beeinträchtigen können. So werden Menschen nach einem Trauma sehr viel häufiger krank als gesunde Menschen, einfach weil ihr Immunsystem geschwächt ist. Kinder sind genauso anfällig wie Erwachsene für psychosomatische oder stressbedingte Krankheiten. Andererseits kann man durch physiologische Vorgänge das seelische Befinden positiv beeinflussen (z. B. durch Sport).

Typische posttraumatische Auffälligkeiten sind beispielsweise:

- Ausschläge,
- Bauchschmerzen, Krämpfe,
- Verdauungsstörungen,
- Kopfschmerzen, Migräne,
- Geschwüre,
- Infekte (Viruserkrankungen).

Der Volksmund kennt solche Zusammenhänge und hat schon längst bildhafte Ausdrücke gefunden wie: Der Schreck fährt mir in die Glieder/in die Knochen, ... bleibt mir im Hals stecken, ... schlägt mir auf den Magen oder ... geht an die Nieren.

Zunächst sollten alle physischen Störungen natürlich medizinisch untersucht werden. Denn selbst wenn die Ursachen in der Psyche liegen, sollten sie ärztlich betreut werden. Neben die medizinische Versorgung kann jedoch auch eine psychologische Begleitung treten.

Überlegen Sie einmal, welchen Zweck die physische Störung erfüllen könnte. So mögen Bauchschmerzen entstehen, wenn ein erlittener Missbrauch geheim gehalten werden muss. Der Schmerz will den Menschen darauf hinweisen, dass der Körper beim »so tun, als sei nichts« nicht mitspielt. Kopfschmerzen sind eventuell Ausdruck von nicht zugelassenen Gefühlen (wie Schuld, Scham, Wut). Ein tauber oder schmerzender Arm versteckt möglicherweise den Wunsch, Rache zu üben und dem Schuldigen ins Gesicht zu hauen. Spekulieren Sie zusammen mit ihrem Kind, was hinter dem Symptom oder Schmerz stecken könnte.

Auch wenn ein solches Verständnis nicht gleich zur Linderung des Symptoms führt, so können derartige Überlegungen eine wichtige Richtungsänderung bewirken. Denn wer körperliche Symptome nicht nur als Ärgernis und als etwas Negatives erlebt, wer zu verstehen beginnt, dass sie auch etwas »Nützliches« beherbergen können, der ist dabei, seine negative Einstellung zu verändern.

Führen Sie den Gedanken noch etwas weiter. Wer sich über das körperliche Symptom ärgert, der hat einen Feind im Körper. Muntern Sie Ihr Kind auf, den Schmerz zum Freund zu machen. Der Körper will etwas erzählen, hören Sie gemeinsam mit Ihrem Kind genau zu. Wenn Ihr Kind lernt, den schmerzenden Bauch, Arm oder Kopf als Freund zu sehen, wenn es eine positive Haltung dem eigenen Körper gegenüber einnimmt, wird es den Heilungsprozess besser fördern können. Zu diesem Zweck eignen sich gut auch Visualisierungen (s. S. 68). Oder lassen Sie Ihr Kind einen Brief schreiben. Was will der Schmerz mir sagen? Abgewandelt: Was will ich meinem Schmerz sagen?

Etwas anderes ist es, wenn der körperliche Schmerz direkte Folge des traumatischen Ereignisses ist. Dies ist beispielsweise der Fall, wenn ein Kind bei einem Feuer Verbrennungen davongetragen hat, oder durch einen Unfall einen Arm verloren hat. Auch solche Symptome müssen, parallel zur ärztlichen Versorgung, psychisch verarbeitet werden. Anfänglich wird das Kind wütend und traurig sein oder es wird sich mit dem neuen Zustand nicht abfinden wollen. Es muss um die verlorene Unversehrtheit trauern. Gespräche und Rituale können dabei helfen. Mit der Zeit muss das Kind jedoch lernen, den neuen Zustand anzunehmen und in sein Selbstbild zu integrieren. Dazu darf es aber nicht gedrängt werden. Bei optimaler Begleitung wird dies von allein geschehen.

Falls Sie selbst untröstlich sind, weil Ihr Kind nicht mehr heil oder gesund ist, bedenken Sie bitte: Ob ein Mensch glücklich ist, hängt nicht von äußeren Umständen ab, sondern von der inneren Einstellung. Man hat festgestellt, dass Menschen, die großes

»Glück« hatten – beispielsweise im Lotto gewonnen haben –, und solche, die großes »Pech« hatten – zum Beispiel durch einen Verkehrsunfall gelähmt wurden –, nach ein bis zwei Jahren wieder so glücklich oder auch unglücklich sind, wie sie es vor dem einschneidenden Ereignis waren.

5. Besondere Situationen

In diesem Kapitel möchte ich einige Sondersituationen vorstellen, die Kindern widerfahren können. Die ausgewählten Traumata können natürlich nicht auf wenigen Seiten hinreichend beschrieben werden. Es sollen auch keine abschließenden Einschätzungen oder gar »Lösungen« angeboten werden. Wenn Ihr Kind eine der hier beschriebenen Situationen erlebt hat oder noch erlebt, holen Sie sich bitte weitere Hilfe bei Fachleuten und lesen Sie auch spezielle Literatur (s. »Ausgewählte Literatur« am Ende des Buches).

Symptome und Auswirkungen eines Traumas sind, wie in diesem Buch beschrieben, relativ einheitlich. Ob ein Kind mit Regression, Aggression oder Depression auf ein Trauma reagiert, hängt meist mehr vom Kind als von der Art des Traumas ab. Nichtsdestotrotz gibt es auch Besonderheiten und Abweichungen bei bestimmten Situationen, die ich hier vorstellen will.

Trennung und Scheidung

Herr und Frau Ewald haben sich getrennt. Der Entschluss zur Scheidung kam nicht überraschend, das Ehepaar lebte schon seit fast zwei Jahren – seit der Geburt des letzten Kindes – in ständigem Streit. Auch jetzt, nach der Trennung, reden die ehemaligen Partner schlecht übereinander. Das Sorgerecht für die drei Kinder (2, 4 und 8 Jahre) wurde der Mutter zugesprochen. Der Vater zog vor wenigen Monaten aus. Die Kinder reagieren unterschiedlich auf die Trennung. Der Jüngste im Alter von 2 Jahren hat eine starke Beziehung zur Mutter und scheint mit dem Fortgang vom Vater die wenigsten Probleme zu haben. Kirsten, 4 Jahre alt, ist dagegen seit dem Auszug des Vaters sehr verändert. Im Kindergarten klammert sie sich an die Mutter und will sie nicht gehen lassen, obwohl sie früher sehr gern in den Kindergarten gegangen ist. Wenn Frau Ewald schließlich doch geht, verkriecht Kirsten sich in die Bücherecke und nimmt kaum noch an gemeinsamen Aktivitäten teil. Andreas (8 Jahre) ist sehr viel lauter und aggressiver geworden. Sein Lehrer hat um ein Gespräch mit Frau Ewald gebeten, weil Andreas die anderen Kinder ärgert und auch schon gewalttätig geworden ist.

Am schwierigsten sind Trennungen der Eltern für Kinder im Alter zwischen 4 bis 12 Jahren, was jedoch nicht in Abrede stellt, dass auch jüngere oder ältere Kinder unter der Scheidung der Eltern leiden! Wenn eine Scheidung für die Kinder als Trauma erlebt wird, dann ist das nur sehr selten ein plötzlich über das Kind hereinbrechendes Trauma. Meist ist es eher so, dass bereits lange vor der eigentlichen Trennung die Familiendynamik schwierig wurde. Die angedrohte oder bevorstehende Trennung versetzt Kinder in große Ängste, weil sie sich einfach nicht vorstellen können oder wollen, wie es wird, wenn die Eltern nicht mehr zusammen sind. Es ist diese ständige Angst vor der Zukunft und vor einer möglichen Vernichtung der bisherigen Existenz, die für Kinder traumatisch ist. Wenn dann die eigentliche Trennung kommt, verbessert sich die Situation für das Kind oftmals. Allerdings ist dies nicht immer so. Wenn nach der Trennung das Paar weiterhin streitet und das Kind oder die Kinder zu diesem Zweck instrumentalisiert, verstärkt sich das Trauma eher noch.

Faktoren, die eine Trennung für Kinder traumatisch machen können:

- heftige, vorausgehende Spannungen und Streitereien zwischen den Eltern,
- die Eltern »benutzen« das Kind, um ihren Streit fortzusetzen (sie ignorieren das Kind, weil dies den anderen Elternteil verletzt, oder sie unterbinden Besuche beim anderen Elternteil usw.),

- die Eltern setzen das Kind unter Druck, sich für die eigene Seite zu entscheiden,
- die Eltern reden schlecht von einander und haben kein Verständnis dafür, dass die Kinder *beide* Eltern lieben und brauchen,
- die Eltern benutzen das Kind als Druckmittel, um dem anderen Elternteil eins auszuwischen (der andere Elternteil darf das Kind nur sehen, wenn er bestimmte Ansprüche erfüllt),
- die Eltern benutzen Kinder als Liebesersatz (sie konzentrieren sich jetzt ganz auf das Kind, das für die zerstörte Liebesbeziehung entschädigen muss),
- die Scheidung ist mit einem Umzug verbunden, der für das Leben des Kindes eine vollständige Umorientierung erfordert,
- der Kontakt zu einem Elternteil reißt völlig ab,
- ein Elternteil wird durch die Trennung selbst aus der Bahn geworfen (leidet z. B. unter Depressionen),
- die finanzielle und soziale Situation des Elternteils, bei dem die Kinder bleiben, verschlechtert sich nach der Trennung dramatisch.

Wenn Sie es schaffen, obige »Begleiterscheinungen« einer Trennung zu vermeiden oder zumindest auf ein Minimum zu reduzieren, dann haben Ihre Kinder eine gute Chance, relativ unbeschadet durch die Krise zu kommen. Auch wenn für einige Zeit großes Chaos herrscht, nichts mehr so ist, wie es früher war und alle Beteiligten leiden, kann sich nach einer Zeit alles wieder einrenken. Wenn Kinder dann nach wie vor zwei Eltern haben, die für sie da sind, dann können sie durchaus mit der Trennung zurechtkommen, denn jede Krise ist auch eine Chance zur positiven Veränderung! Selbst die intensiven Gefühle, die bei emotional aufwühlenden Situationen entstehen, können die Persönlichkeit festigen, solange diese Gefühle artikuliert und durchgearbeitet werden können.

Falls es Ihnen jedoch nicht gelingt, die Risikofaktoren auszuschalten, seien Sie sich bitte bewusst, dass die Trennung für Ihr Kind ein Trauma bedeuten kann, genauso wie für Sie. Eine Trennung ist oft schwerer zu ertragen als ein Verlust durch Tod. Dies gilt sowohl für die Lebenspartner als auch für die Kinder. Was die Trennung so schwer macht, ist die lange Phase der Spannungen und Konflikte, die oft nicht gelöst werden. Nach der Trennung ist keine ungestörte Trauer möglich, da durch den andauernden konfrontativen Kontakt (oft über und durch die Kinder) eine »Verarbeitung« und Lösung erschwert wird. Familien in Trennung brauchen alle Hilfe und Unterstützung, die sie kriegen können, wenden Sie sich daher eventuell an eine Familienberatungsstelle in Ihrer Nähe.

Bestimmt haben Sie selbst genug Probleme und Sorgen und werden vielleicht von dem Gedanken, dass Sie sich nun auch noch um Ihr leidendes Kind kümmern sollen, entmutigt. Vielleicht trauern Sie um die gescheiterte Beziehung, machen sich selbst Vorwürfe oder dem Partner/der Partnerin, sind verbittert, haben Angst vor der Zukunft und finanzielle Sorgen, oder Sie fürchten sich sogar vor den Aggressionen und Angriffen des ehemaligen Partners. Auf jeden Fall wissen Sie, dass die Beziehung zu Ende ist, und bereiten sich auf ein Leben ohne den bisherigen Partner vor – anders Ihr Kind, das womöglich insgeheim noch davon träumt, dass die Familie wieder »zusammenkommt«. Interpretieren Sie dieses andere Interesse Ihres Kindes nicht als Angriff oder als »Verrat«. Es ist ganz normal, dass Eltern und Kinder nach einer Trennung nicht die gleichen Träume und Wünsche haben. Und leider gibt es Situationen im Leben, wo manche Träume und Wünsche einfach nicht erfüllt werden können. Es wird Ihrem Kind helfen, wenn Sie sich von seinen Träumen nicht irritieren lassen, sondern Sie diese ganz einfach zur Kenntnis nehmen und Verständnis dafür haben. Holen Sie notfalls auch Hilfe bei Experten und Beratern.

Woran merken Sie, ob Ihr Kind mit der Trennung Probleme hat? Alle hier im Buch beschriebenen Symptome sind möglich, vor allem jedoch die folgenden:

- Depression,
- Angst vor der Zukunft,

- Aggression,
- Schulprobleme,
- psychosomatische Beschwerden (Migräne, Bauchschmerzen),
- Zwänge,
- Regression,
- auffälliges Verhalten (Zündeln, Klauen, von zu Hause weglaufen).

Besonders hervorzuheben ist, dass die Symptome auch »eingesetzt« werden können, um die Aufmerksamkeit der Eltern zu erreichen. Dahinter steckt häufig die Hoffnung, dass die Eltern durch ihre gemeinsame Sorge um das Kind vielleicht doch wieder zueinander finden. Wenn das Kind plötzlich aus der Schule schlechte Noten nach Hause bringt und Nachhilfe braucht, wenn es häufig krank ist, auffällig wird und die Eltern gefordert sind, dann ist die Situation womöglich tatsächlich für eine Weile entschärft. Statt über die bevorstehende Trennung zu reden oder über Unterhaltszahlungen zu streiten, sitzen Eltern zusammen und reden über das Kind. Damit soll aber nicht gesagt werden, dass die Kinder ihre Symptome als »Trick« einsetzen. Solche Gedankengänge sind selten bewusst und manchmal auch nur sekundär. Kinder, die Probleme entwickeln, um Aufmerksamkeit zu erhalten, müssen schon ziemlich verzweifelt sein. Psychologen und Therapeuten wissen, dass Auffälligkeiten von Kindern überhaupt in den allermeisten Fällen ein Hinweis darauf sind, dass in der Familie oder zwischen den Eltern etwas nicht stimmt. Die Kinder »tragen« das Symptom und werden in die Behandlung geschickt, doch wer sich wirklich ändern müsste, sind meist die Eltern.

Kinder und Jugendliche, deren Eltern sich getrennt haben, haben auf die Frage, was ihnen geholfen hätte, folgende Wünsche formuliert:
- Die Eltern sollen sich nicht gegenseitig mies machen, die Kinder nicht hin- und herreißen oder als »Boten« einsetzen.

- Die Eltern sollen den Kindern Kontakt zu neutralen Dritten ermöglichen, mit denen die Kinder reden können.
- Die Eltern sollen selbst Hilfe von außen annehmen.
- Die Eltern sollen den Kindern nicht das Gefühl geben, die Kinder seien Schuld, sondern zu ihrer Entscheidung stehen.
- Die Eltern sollen die Kinder bei Entscheidungen über das zukünftige Leben mit einbeziehen.

Diese Wünsche stehen für sich und bedürfen eigentlich keiner Erklärung mehr. Trotzdem will ich im Folgenden noch einige Hinweise geben, wie Eltern ihren Kindern helfen können, das Trauma Trennung zu überwinden.

■ Achten Sie auf einen respektvollen Umgang mit Ihrem Ex-Partner

Falls die Trennung noch bevorsteht, überlegen Sie gemeinsam genau, wie es weitergehen soll. Nutzen Sie alle Chancen aus, mit Ihrem Partner zu einer Einigung zu kommen, und erwägen Sie eine Paartherapie, selbst wenn Sie sich sicher sind, dass Sie sich trennen wollen. Je mehr Klarheit beide Partner erlangen, umso reibungsloser wird die Trennung verlaufen.

Wenn Sie bereits voneinander getrennt leben, dann bemühen Sie sich um einen Umgang, der möglichst frei ist von Aggression und Verachtung. Das ist leichter gesagt als getan, dessen bin ich mir bewusst – und es gehören auch immer zwei dazu. Vielleicht sind Sie sehr verletzt und haben Ihrem Partner/Ihrer Partnerin wirklich einiges vorzuwerfen. Kinder leiden jedoch sehr darunter, wenn die Eltern sich verachten und gegenseitig »fertig« machen. Die Lösung ist aber nicht, alle Aggressionen »heimlich«, hinter dem Rücken des Kindes, auszuführen. Kinder spüren die Spannungen sehr gut. Vielmehr sollte eine Lösung eher in Richtung »Bewältigung« der negativen Gefühle gehen – dafür bietet sich professionelle Beratung an oder eine Mediation zu noch strittigen Punkten, auch die Verarbeitung der eigenen Trauer durch eine Einzeltherapie.

Ich habe bereits zuvor einige Prinzipien einer respektvollen

Kommunikation beschrieben: aktives Zuhören, das Formulieren von Gefühlen in Ich-Sätzen. Lesen Sie die Stellen noch einmal – die Tipps lassen sich auch auf den Umgang mit Partnern und Ex-Partnern anwenden. Wenn Sie Sätze vermeiden wie »Du bist doch das letzte Arsch, ich gebe dir das Auto nie im Leben!« und stattdessen Ihre Position so nüchtern wie möglich darlegen (»Auf das Auto bin ich angewiesen. Können wir das irgendwie anders regeln?«), sind die Chancen wesentlich besser, dass Sie sich einigen. Wenn Sie verletzt oder enttäuscht sind, dann drücken Sie dies als *Ihre* Gefühle aus und nicht als Anschuldigungen. Oder aber akzeptieren Sie, dass Ihre Gefühle kaum eine Chance haben, gehört zu werden. Solange Sie versuchen, Wasser aus einem Stein zu pressen (sprich: Verständnis für Ihre Gefühle zu bekommen von jemandem, der kein Interesse daran hat), leiden Sie – und mit Ihnen Ihre Kinder – nicht aber Ihr Ex-Partner oder Ihre Ex-Partnerin.

Was den Umgang mit dem Menschen, mit dem Sie einmal Ihr Leben hatten teilen wollen, sehr erleichtern kann, ist eine klare Trennung von Paar- und Elternebene. Ihre Hoffnungen und Träume als Paar sind gescheitert und das ist tragisch. Doch als Eltern haben Sie noch immer gemeinsame Interessen – Ihr Kind! Wenn Sie sich auf der Paarebene nichts mehr zu sagen haben, dann müssen Sie doch auf der Elternebene weiterhin zusammen kommunizieren. Vielleicht war Ihr Partner/Ihre Partnerin in Sachen Beziehung eine Enttäuschung – und ist doch ein guter Vater/eine gute Mutter für Ihr Kind?

■ Seien Sie ehrlich

Seien Sie Ihrem Kind gegenüber offen. Machen Sie niemals Versprechungen, die Sie nicht einhalten können. Sobald Sie wissen, dass die Trennung unausweichlich ist, geben Sie dies zu. Ihr Kind wird ohnehin Angst haben, dass es zu einer Trennung kommt – diese Angst ist belastender als die Gewissheit, zumal diese mit konkreten Plänen und Überlegungen einhergehen kann und so bereits einen Schritt in Richtung Bewältigung gemacht werden kann.

Offen zu sein, bedeutet auch, auf Fragen Ihres Kindes eingehen zu können. Lesen Sie zusammen Bücher zum Thema (je nach Alter) und besprechen Sie die Reaktionen des Kindes in der Geschichte. Geht es Ihrem Kind ähnlich? Gehen Sie auf die Sorgen Ihres Kindes ein! Ihr Kind möchte aber nicht »beschwichtigt« werden. Natürlich will es hören, dass Sie (beide – wenn möglich) weiterhin für das Kind da sein werden und es weiterhin lieben werden. Doch Sie können nur für sich sprechen. Seien Sie ehrlich.

Wenn Sie noch zusammen sind, sich aber ständig streiten, dann geben Sie zu, dass es Probleme gibt. Ihr Kind spürt das ohnehin. Reden Sie nicht um den heißen Brei herum, vertrösten Sie nicht, sondern sagen Sie ehrlich: »Wir werden uns trennen!« Ihr Kind wird schockiert sein, aber die Wahrheit ist besser als monatelange Ängste, Sorgen, unterbrochen durch Hoffnungen und Illusionen, um dann doch am Ende enttäuscht zu werden.

- Machen Sie Ihre/n Ex-Partner/in nicht vor Ihren Kindern schlecht!

Haben Sie Verständnis dafür, dass Ihr Kind beide Elternteile liebt! Auch wenn Sie Ihren Partner gar nicht mehr ausstehen können oder zutiefst enttäuscht sind, selbst wenn Sie überzeugt sind, dass Ihr Partner sich nicht adäquat um das Kind kümmert, so gebietet doch die Liebe zu Ihrem Kind, dass Sie Ihren Partner nicht schlecht machen.

- Der Respekt vor dem anderen Elternteil ist die Verneigung vor dem gemeinsamen Kind.

Sie brauchen keine Angst zu haben, dass Ihr Kind sich für den anderen Elternteil und damit gegen Sie entscheidet. Ihr Kind käme nie von allein auf die Idee, sich für die eine Seite entscheiden zu müssen. Selbst wenn der andere Elternteil sich dem Kind gegenüber schlecht verhält, halten Kinder an ihrer Liebe fest. Im Kapitel »Sexuelle Gewalt« habe ich darauf hingewiesen, dass sogar Eltern, die ihre Kinder sexuell (und auch physisch) missbrauchen, in fast allen Fällen weiterhin von ihren Kindern geliebt werden. Lieber nehmen Kinder die »Schuld« für den Missbrauch oder die Misshandlungen auf sich. Das mag Sie befremden, es ist aber sehr wichtig, dass Sie die Gefühle Ihres Kindes gelten lassen und akzeptieren. Es ist schwer genug für Ihr Kind, sein Herz »aufzuteilen« zwischen zwei Menschen, die sich nicht mehr mögen. Verlangen Sie nicht, dass es einen Teil seiner Liebe verleugnet!

Wenn Sie nicht vermeiden können, Ihre Meinung über den Partner auszudrücken, dann formulieren Sie dies in »Ich-Sätzen« – Sie erzählen von *Ihren* Gefühlen und überlassen es dem Kind, was es denkt. Statt über den anderen Elternteil herzuziehen und mit Beleidigungen wie »Idiot, Egoist oder Schlampe« um sich zu werfen, reden Sie von Ihren eigenen Gefühlen: »Es tut mir sehr weh, wenn ich deine Mutter mit Ihrem neuen Freund sehe« oder »Ich wünschte, dein Vater würde das Geld regelmäßig überweisen. Ich kann sonst unseren Finanzplan überhaupt nicht einhalten«. Oder auch: »Ich habe das Gefühl, dass es ihm ganz egal ist, was aus uns wird.« Ihr Kind weiß dann genau, was und warum Sie dies fühlen, es hat aber nicht das Gefühl, dass Sie aus Loyalität erwarten, dass es genauso fühlt.

So wie das Kind beide Eltern liebt, will es auch weiterhin von beiden Eltern geliebt werden – egal wie das Sorgerecht oder Besuchsrecht geregelt ist. Haben Sie Respekt davor, dass Ihr Kind den anderen Elternteil sehen will, und bemühen Sie sich darum, die Zeiten, die Sie fortan mit dem Kind verbringen, für eine gute Beziehung zu nutzen. Das bedeutet nicht, dass Sie jedes Mal mit dem Kind einen aufregenden Zoobesuch planen oder kostbare Geschenke mitbringen müssen. Wichtig ist, dass Ihr Kind das Gefühl bekommt, dass Sie gern mit ihm oder ihr zusammen sind und sich wirklich interessieren.

■ Nehmen Sie die Verantwortung für die Trennung auf sich!

Kinder tendieren dazu, die Schuld für das Scheitern der Beziehung der Eltern bei sich zu suchen. Dies ist um so mehr der Fall, je mehr Streitigkeiten der Eltern sich um das Thema Erziehung und Kind drehten. Aber auch so verstehen Kinder das Scheitern der Familie als persönliche Schuld und Scham – dies trifft umso mehr zu, je jünger die Kinder sind. Wenn ein Elternteil die Familie verlassen will, dann liegt das daran, dass ich böse war oder nicht geliebt werde – so denkt das Kind.

Es kann aber nicht die Aufgabe des Kindes sein, die Beziehung der Eltern zu festigen. Und selbst wenn das Kind »schwierig« war, vielleicht wegen einer Behinderung oder Störung, dann ist dies nicht der Grund, warum eine Partnerschaft auseinander bricht. Machen Sie bitte dem Kind immer wieder klar, dass es nicht schuld ist und dass die Gründe für die Entscheidung zur Trennung andere sind. Wenn Ihr Kind nicht darüber reden will, fragen Sie doch einmal, was es glaubt, weshalb Sie sich trennen. Nehmen Sie die Antwort als Anlass, einmal ehrlich zu reden. Und vergessen Sie nicht, dass Ihr Kind sich vielleicht »schämt«, weil es glaubt, die Eltern liebten es so wenig, dass Sie nicht bei ihm bleiben wollen.

Verantwortung zu übernehmen, heißt aber nicht, dass Sie jetzt Ihrerseits Schuldgefühle entwickeln sollen. Sie haben gute Gründe dafür, sich trennen zu wollen, und Sie fügen weder sich selbst noch Ihrem Kind den Schmerz absichtlich zu. Auch trotz bestem Willen und Bemühen gehen Beziehungen manchmal in die Brüche. Natürlich kann man aus Fehlern lernen und die nächste Beziehung besser gestalten. Für den Moment jedoch akzeptieren Sie einfach, dass sich Ihre Hoffnung auf eine glückliche und lange Partnerschaft zerschlagen hat. Die Trennung war eine Lösung für bestehende Probleme, stehen Sie dazu! Auch wenn Ihr Kind jetzt leidet, so ist der Entschluss auf lange Sicht wahrscheinlich richtig gewesen. Wenn Ihr Kind »traumatisiert« ist, dann liegt das nicht an der Tatsache, dass Sie sich trennen, sondern an den begleitenden Umständen.

■ Benutzen Sie Ihr Kind nicht!

Setzen Sie Ihr Kind niemals als Mittel ein, um Ihren Partner zu verletzen oder ihm oder ihr eins auszuwischen. Auch ist das Kind kein geeigneter Bote, Nachrichten zu übermitteln. Rufen Sie an oder schreiben Sie einen Brief. Besinnen Sie sich lieber auf Ihr gemeinsames Interesse: das Wohl des Kindes. Versuchen Sie, schnell selbst wieder auf die Beine zu kommen und das eigene Trauma durchzuarbeiten. Es darf nicht die Aufgabe des Kindes sein, Ihre verletzten Gefühle zu heilen oder Ihre Einsamkeit zu lindern.

■ Bemühen Sie sich um eine Deeskalation bei der Scheidung

Wählen Sie einen Weg der Scheidung, der hässliche Auseinandersetzungen minimiert. Lassen Sie sich dabei beraten, denn es gibt durchaus Alternativen zu konfrontativen Prozessen. So kann man mit Hilfe einer Mediation einen verbindlichen Vertrag aushandeln, in dem Unterhalt, Besuchsrechte und Aufteilung des gemeinsamen Haushalts geregelt werden. Während es bei juristischen Prozessen immer daraus hinausläuft, wer sich mit Hilfe rechtlicher Mittel durchsetzen kann, ist bei einer Mediation das Ziel, dass beide Parteien (und vor allem auch die dritte Partei: die Kinder!) gewinnen! Obwohl das Wohl des Kindes auch rechtlich von großer Bedeutung ist, ist es Richtern meist unmöglich, wirklich zu entscheiden, was dem Kind gut tut – selbst wenn Gutachter zur Seite stehen. Das liegt einfach daran, dass Kinder vielleicht selbst nicht wissen, was sie brauchen. Je vorwurfsfreier und offener die Atmosphäre und die Bereitschaft beider Eltern zu einer gütlichen Einigung ist, desto größer sind die Chancen, dass die Kinder eine Trennung gut überstehen.

■ Ermöglichen Sie Ihren Kindern eine Gelegenheit, frei zu reden

Kinder müssen über ihre Gefühle, Ängste und Sorgen reden können und brauchen entsprechende Gesprächspartner. Das können beziehungsweise müssen nicht immer Sie als Elternteil sein! Natürlich sollten Sie offen sein und bereit. Aber darüber hinaus braucht Ihr Kind weitere Gelegenheiten, sich auszutauschen. Manche Kinder, deren Familien auseinander zu brechen drohen, vertrauen sich

Freunden an. Doch diese Freunde sind auch oft überfordert und wissen nicht, wie sie reagieren sollen. Dann kann es passieren, dass sich die Scheidungskinder zurückziehen und verstummen.

Überlegen Sie, wer als Ansprechpartner für Ihr Kind in Frage kommen könnte. Eine Tante, die Oma oder ein professioneller Berater? Am besten wäre es, wenn Sie eine Selbsthilfegruppe ausfindig machen, in der Kinder andere Gleichaltrige mit ähnlichen Problemen treffen und mit ihnen reden können. Benutzen Sie das vorhandene soziale Netz und erweitern Sie es noch! Sie brauchen ein soziales Netz übrigens genauso und vielleicht sogar noch mehr als Ihr Kind!

■ Erlauben Sie Trauer

Jede Trennung geht mit Verlust einher. Es gibt eine Menge zu »betrauern«: die intakte Familie, Zeit und Zusammensein mit dem Vater/der Mutter, Hoffnungen und Träume, nicht mehr erfüllbare Bedürfnisse und vieles mehr. Auch Sie selbst trauern vermutlich sehr.

Lesen Sie die Kapitel »Gefühle zulassen« und »Trauer« in diesem Buch – vieles trifft auch im Fall einer Scheidung oder Trennung zu. Trauer muss durchlebt werden, es führt kein Weg daran vorbei. Wenn Ihr Kind »trauert«, fassen Sie dies nicht als Vorwurf gegen sich auf oder als Aggression.

Freuen Sie sich lieber, dass Ihr Kind dabei ist, die vorhandenen Gefühle durchzuarbeiten. Je offener Ihr Kind über seine Gefühle reden kann, desto leichter wird die Verarbeitung fallen.

Regen Sie Ihr Kind an, »Rituale« zu entwickeln. Natürlich sollten Sie auch so viele Rituale aus dem »alten« Leben mit herübernehmen – der Kinotag am Sonntag, das Gute-Nacht-Ritual oder den gemeinsamen Putztag. Darüber hinaus braucht Ihr Kind aber neue Rituale, die bei der Verarbeitung der Trauer helfen können. Vielleicht möchte Ihr Kind regelmäßig Briefe an den weggezogenen Elternteil schreiben, oder mit ihm telefonieren. Oder es kann seine Hoffnungen und Träume in ein Tagebuch schreiben oder malen und damit sein Zimmer dekorieren. Im günstigsten Fall werden die regelmäßigen Besuche ein Ritual, auf das sich das Kind freuen und verlassen kann.

■ Drängen Sie Ihr Kind nicht, die neue Beziehung zu akzeptieren

Falls sich eine »neue Beziehung« anbahnt, dann üben Sie keinen Druck auf Ihr Kind aus. Sie haben ein Recht darauf, Ihren Partner selbst auszusuchen. Sie brauchen nicht die »Erlaubnis« Ihres Kindes. Dennoch sollten Sie Verständnis dafür haben, dass Ihr Kind womöglich ganz andere Interessen hat. Während Sie ein »neues« Leben möchten, wünscht sich Ihr Kind vielleicht eine Rückkehr zum Leben, wie es vorher war. Es gibt in dieser Situation kein richtiges und falsches Interesse – Sie wollen einfach etwas anderes als Ihr Kind. Das ist in Ordnung, solange Sie die Interessen Ihres Kindes akzeptieren. Mit anderen Worten: Lassen Sie Ihrem Kind seinen Wunsch und sagen Sie doch klar, dass Sie ein gemeinsames Leben mit Ihrem Ex-Partner nicht mehr wollen.

Doch was tun, wenn Ihr Kind Ihre neue Partnerin oder Ihren neuen Partner nicht mag? Sie sollten Ihrem Kind seine eigenen Gefühle erlauben, genauso wie Sie zu Ihren stehen! Auf keinen Fall sollten Sie von Ihrem Kind erwarten, dass es den alten Elternteil gegen einen neuen »eintauscht«. Selbst wenn Ihr Kind lernt, Ihren neuen Lebenspartner zu lieben, so wird dies doch immer ein dritter Elternteil sein, der einen eigenen Platz im Herzen Ihres Kindes einnimmt. Viele Kinder lehnen die neuen Partner der Eltern auch deswegen ab, weil sie sich gedrängt fühlen, sie als »Mutter« oder »Vater« zu akzeptieren.

■ Seien Sie zuversichtlich

Es gibt Millionen glückliche und zufriedene Kinder, deren Eltern getrennt leben. Natürlich ist die Trennung schmerzhaft und schwierig, sie muss aber Ihr Kind nicht unweigerlich aus der Bahn werfen oder für immer »zeichnen«. Solange Sie offen bleiben für die Bedürfnisse Ihres Kindes und zu Ihren Gefühlen stehen, solange Sie Probleme und Krisen als Chance sehen, etwas Neues zu versuchen, wird Ihr Kind das Richtige von Ihnen lernen und sich positiv entwickeln. Selbst wenn Ihr Ex-Partner nicht mit am gleichen Strang zieht und die Kinder vernachlässigt, braucht das Kind nicht traumatisiert zu werden. Ein zuverlässiger, verständnisvoller und liebevoller Elternteil ist genug, um dem Kind zu geben, was es braucht!

Umzug

Larissa (7 Jahre) ist schon einmal mit ihrer Familie umgezogen, doch damals war sie erst 3 Jahre alt und hat sich in der neuen Umgebung relativ schnell wieder eingelebt. Doch nun musste die Familie erneut umziehen – eine Versetzung des Vaters machte dies erforderlich. Das neue Haus ist wunderschön und hat einen großen Garten, doch Larissa wäre viel lieber in der alten 3-Zimmer-Wohnung geblieben, wo sie Freunde in der Nachbarschaft hatte und sich gut auskannte. Auch die Mutter scheint nicht so glücklich über den Umzug zu sein und ist seither recht depressiv. Noch hat sie keine Arbeit gefunden. Sie bemüht sich zwar sehr um Larissa, hat aber mit der Einrichtung der neuen Wohnung und mit Vorstellungsgesprächen viel zu tun und ist oft gereizt. Der Vater arbeitet jetzt länger als früher und kommt meist erst nach Hause, wenn Larissa schon im Bett ist. Larissa findet sich in der neuen Umgebung nicht zurecht und auch in der neuen Schulklasse fühlt sie sich nicht wohl. Die Lehrerin hat bereits angedeutet, dass sie bei Larissa eine Lernbehinderung vermutet, obwohl in der alten Schule davon nie die Rede war. Larissa hat noch keine Freunde gefunden, will nach der Schule nur in ihrem Zimmer sein und wird zunehmend stiller.

Ein Umzug alleine kann schon traumatisch sein. Wenn jedoch ein anderes Trauma (etwa ein Brand oder eine Trennung) vorherging und ein Umzug noch dazu kommt, ist alles doppelt so schlimm! Umzüge sind schon für Erwachsene schwer. Da kommt viel zusammen: Abschiede, finanzielle Engpässe, organisatorischer Aufwand, Arbeit, noch mehr Arbeit, Umstellung, Unstimmigkeiten, Konflikte, Heimweh, Sehnsüchte, Ängste, Neueingewöhnung, Unsicherheit, Hoffnungen, Verluste. Und wenn schon die Eltern zuweilen vor, während oder nach Umzügen verzweifeln, wie mag es dann erst den Kindern gehen?

Schon Neugeborene reagieren – nicht so sehr auf den Umzug, aber auf die Nervosität oder Belastung der Eltern, die in Umzugszeiten vielleicht nicht mehr so ruhig und präsent sind wie zuvor. Etwas ältere Kinder können durch die ungewohnte Umgebung völlig verunsichert werden und vermissen Orte, Gegenstände und vor allem auch Personen, die am vorherigen Wohnort zurückbleiben. Bei Schulkindern kommt noch hinzu, dass sie sich auf eine neue Schulklasse einstellen müssen – die Erfahrung, der oder die »Neue« zu sein, kann traumatische Ausmaße annehmen. Umzugskinder können durchaus alle Merkmale und Symptome von Traumaopfern aufzeigen.

So verschieden die Faktoren sind, die den Umzug begleiten, so verschieden sind auch die Bedürfnisse der Kinder.

Welche Gefühle hat Ihr Kind?

- Angst vor dem, was kommt: Angst, keine Freunde zu finden, nicht gemocht zu werden, alleine zu bleiben, die Umgebung nicht zu mögen, in der Schule nicht zurechtzukommen, von früheren Freunden vergessen zu werden,
- Trauer über das, was zurückbleibt: die gewohnte Umgebung, Freunde, Verwandte, Nachbarn, Lehrer,
- Belastung: Die Anforderungen (packen, Zeitdruck, keine Zeit für freies Spiel) sind zu hoch,
- Leiden unter dem Stress der Erwachsenen: wenn Eltern gereizt, nervös, unzufrieden sind,
- hohe Erwartungen: dass es am neuen Wohnort »besser« wird, dass die Lehrer, Freunde netter sind, das neue Heim mehr Möglichkeiten bietet, mehr Freizeitangebote existieren; die Gefahr ist natürlich, dass die Erwartungen enttäuscht werden,
- Resignation oder Verzweiflung: wenn das Kind schon mehrere Umzüge erlebt hat, die schlecht verarbeitet wurden und dem

Kind nicht die Möglichkeit boten, Wurzeln zu schlagen und sich wohl zu fühlen,
- Leere: wenn das Kind sich herausgerissen fühlt und nicht in den Genuss des Gefühls gekommen ist, ein »Zuhause« zu haben und irgendwo hinzugehören.

Tipps für die Zeit vor dem Umzug:

- Besprechen Sie den Umzug im voraus mit den Kindern! Erklären Sie, warum er nötig oder gewollt ist. Erlauben Sie den Kindern, ihre Meinung dazu zu sagen, sowie Ängste und Hoffnungen zu formulieren. Wenn Kinder am Entscheidungsprozess beteiligt sind, fällt es ihnen häufig leichter, sich auf die neue Situation einzustellen.
- Lassen Sie die Interessen Ihres Kindes bei der Wahl des neuen Heimes mit einfließen. Möchte Ihr Kind ein eigenes Zimmer oder ein Haus mit Garten? Will es in der Nähe eines Spielplatzes, Freibades oder der Schule wohnen? Natürlich kann nicht jeder Wunsch erfüllt werden, doch sollten die Interessen von allen Familienmitgliedern mit in die Entscheidung einfließen.
- Lassen Sie Kinder an Besichtigungen mit teilnehmen. Zumindest sollte das Kind wenn möglich das neue Heim schon vorab besichtigen können. Dann weiß es, worauf es sich einlassen wird. Es kann die neuen Eindrücke dann schon vorher mit Freunden besprechen und verarbeiten.
- Erlauben Sie Ihrem Kind, möglichst viele Entscheidungen zu treffen, was die Nutzung der einzelnen Räume und was die Gestaltung des eigenen Zimmers anbelangt. Wenn Ihr Kind die Farbe des Zimmers oder die Einrichtung selbst bestimmen darf, wird es sich dort schneller wohl fühlen.
- Unterstützen Sie Bindungen, die Ihr Kind an den alten Wohnort hat. Besprechen Sie mögliche Besuche mit den Eltern der Freunde Ihres Kindes. Vereinbaren Sie gemeinsame Treffen oder Briefkontakte. Machen Sie konkrete Pläne oder Verabredungen.
- Rituale oder Symbole. Lassen Sie Ihr Kind Fotos von seinen

»Lieblingsorten« machen und ein entsprechendes Fotoalbum anlegen. Erlauben Sie Ihrem Kind, am alten Wohnort einen Baum zu pflanzen als Symbol dafür, dass etwas wichtiges Eigenes weiterwächst. Oder regen Sie Ihr Kind an, für die Freunde und Zurückbleibenden kleine Abschiedsgeschenke vorzubereiten (eine selbst aufgenommene Musikkassette, ein Fotoalbum etc.).
- Lassen Sie das Kind beim Umzug mithelfen! Wenn es alt genug ist, soll es seine Sachen selbst verpacken. Je »aktiver« es ist, desto weniger ausgeliefert und hilflos wird es sich vorkommen – und desto besser stehen die Chance, ein Trauma zu vermeiden!
- Machen Sie den Umzug »schmackhaft«, indem das Kind auch einen Vorteil von dem Umzug hat, vielleicht ein eigenes Zimmer, ein Haustier, ein Fahrrad, mehr Zeit mit den Eltern, die jetzt vielleicht näher am Arbeitsplatz wohnen.

Tipps für die Zeit nach dem Umzug:

- Lassen Sie sich von der Hektik und dem Stress des Umzugs nicht so vereinnahmen, dass keine Zeit für Ihr Kind bleibt. Wenn Ihr Kind stunden- oder gar tagelang allein im Zimmer sitzt, hat es zu viel Zeit, sich schlecht und verlassen zu fühlen. Planen Sie nette Abende, wo alle zusammen entspannen und sich austauschen.
- Übernehmen Sie Abläufe und Rituale aus der alten Zeit: Von Anfang an sollte es das gleiche Zu-Bett-geh-Ritual, ähnliche Essenszeiten und gewohnte Situationen geben. Je mehr »Alltag« erhalten bleibt, umso leichter fällt die Umgewöhnung.
- Kümmern Sie sich um neue Kontakte. Geben Sie ein gutes Beispiel ab, indem Sie sich bei den Nachbarn vorstellen und neue Kontakte anknüpfen. Wenn Ihr Kind dies nicht von selbst tun kann oder will, helfen Sie dem Kind, indem Sie sich nach Kindern in der Nachbarschaft erkundigen und ihr Kind auf Besuche dorthin mitnehmen. Besuchen Sie den Spielplatz in der Nähe oder erkundigen Sie sich nach Treffs, Freizeitklubs oder nach entsprechenden Sportvereinen.

- Halten Sie die Erinnerung wach. Erlauben Sie Ihrem Kind, den Kontakt zu alten Freunden aufrechtzuerhalten, von »damals« zu reden und Gefühle auszudrücken. Gehen Sie darauf ein. Wenn Ihr Kind sich immer mehr »in Fahrt« redet und die Vergangenheit verherrlicht, nützt Widerspruch (»So toll war es doch gar nicht!«) wenig. Widerspruch regt Ihr Kind nur an, sich noch mehr zu versteifen. Sagen Sie lieber: »Mensch, jetzt verstehe ich erst langsam, wie schwer dir der ganze Umzug fällt!« Wenn Ihr Kind sich verstanden fühlt – und erst dann – können Sie gemeinsam beginnen, nach Wegen zu suchen, die den Umzugsschmerz lindern können.
- Sprechen Sie selbst von dem, was Sie vermissen – aber auch von dem, was Sie an der neuen Situation schätzen. Ambivalente Gefühle (d. h. Gefühle, die sich eigentlich widersprechen wie Sehnsucht nach dem Alten und Freude über das Neue) sind völlig normal und erlaubt.

Trauer über den Tod einer geliebten Person

Sara war 5 Jahre alt, als ihre Mutter an Brustkrebs erkrankte. Sie war damals sehr verstört, als die Mutter lange Zeit im Krankenhaus und anschließend wegen der Chemotherapie geschwächt und kränklich war. Aber glücklicherweise ging es der Mutter dann wieder besser und bald schon war die Krankheit nur noch eine böse Erinnerung für die Familie. Doch als Sara 10 war, erkrankte die Mutter erneut. Dieses Mal waren auch andere Organe befallen und nach einem halben Jahr vergeblicher Behandlung starb sie. Sara ist seitdem ein anderes Kind: still, zurückgezogen, misstrauisch. Ihr Vater, der selbst schrecklich unter dem Tod seiner Frau leidet, weiß nicht, wie er ihr helfen kann.

Wenn ein Elternteil oder Geschwisterkind gestorben ist, sind Sie ebenso betroffen und brauchen selbst auch Hilfe und Unterstützung. Falls Sie Ihrer Verantwortung gegenüber dem überlebenden Kind im Moment gar nicht nachkommen können, wenden Sie sich auf jeden Fall an eine Beratungsstelle und/oder organisieren Sie

Hilfe von außen. Ihr Kind braucht eine Bezugsperson, mit der es reden kann und die Zeit und Verständnis für seine Bedürfnisse hat.

Erklären Sie, dass Sie sich im Moment nicht so um Ihr Kind kümmern können, wie Sie es gern täten, dass Sie es aber lieben und hoffen, diese Liebe bald wieder besser zeigen zu können. Seien Sie einfach da, soweit Ihnen das möglich ist, und lassen Sie die Gefühle des Kindes zu, ob dies nun Wut auf den Tod, Trauer, Hoffnungslosigkeit oder Schuldgefühle sind. Beachten Sie auch, dass Ihr Kind womöglich ganz anders trauert als Sie selbst.

Ihr Kind braucht so viel gewöhnlichen Tagesablauf wie möglich. Schicken Sie es wieder zur Schule oder in den Kindergarten, halten Sie an Schlafenszeiten und Gute-Nacht-Ritualen fest, sorgen Sie für regelmäßige Mahlzeiten. Die Botschaft, die Ihrem Kind so vermittelt wird, ist: Was passiert ist, ist furchtbar, aber das Leben wird weitergehen!

Zeigen Sie Ihre Gefühle und geben ruhig zu, dass es Ihnen auch schlecht geht, dass Sie die verstorbene Person vermissen und aus der Bahn geworfen sind. Ihr Kind beobachtet Ihre Art der Trauerbewältigung genau und wird diese vielleicht imitieren. Wenn Sie sich »zusammenreißen« und allen Schmerz herunterschlucken, wird Ihr Kind sich bemühen es ebenso zu halten. Scheuen Sie sich auch nicht, vor den Augen des Kindes zu weinen!

Achten Sie aber gleichzeitig darauf, dass Ihr Kind nicht die Verantwortung für Ihre Gefühle übernimmt! Bestimmt würde es Ihnen gern in Ihrer Trauer helfen, es wäre damit aber völlig überfordert. Ihr Kind kann nichts wieder gutmachen, es kann niemanden ersetzen!

Lassen Sie auch die Gefühle der Kinder zu! Sie können nichts tun, um Ihrem Kind den Schmerz zu nehmen, Sie können ihm aber das Gefühl geben, dass es mit seinem Schmerz angenommen und gehalten wird. Es helfen auch einfache Kommentare wie »Ich sehe, wie traurig du bist!« oder »Es ist schwer, immer wieder daran denken zu müssen, nicht wahr? Mir geht es auch so.« Falscher Trost dagegen (»Du wirst bestimmt bald drüber weg sein!«) oder auch Anleitungen, wie das Kind zu fühlen hat (»Denk einfach an etwas anderes – sei stark!«), helfen nicht. Seien Sie einfach froh, wenn Ihr Kind Ihnen zeigt, wie es fühlt.

Wie bereits beschrieben, machen Kinder nach einem Trauma oft einen Entwicklungsschritt nach hinten. Wundern Sie sich nicht, wenn Ihr Kind plötzlich wieder am Daumen lutscht, Babysprache benutzt oder Dinge verlernt, die es bereits beherrscht hat. Es wird verlorene Entwicklungsschritte zu gegebener Zeit nachholen.

Erlauben Sie Ihrem Kind, »anders« zu trauern, als Sie dies tun – jeder Mensch muss seinen eigenen Weg finden, mit dem Schmerz fertig zu werden. Möglicherweise tut Ihr Kind überraschende Dinge, die Ihnen womöglich ärgerlich oder peinlich erscheinen. Wenn es etwa bei unpassender Gelegenheit (vielleicht sogar bei der Beerdigung) lacht, unbeteiligt erscheint oder wenn es aggressives Verhalten an den Tag legt, äußert es Verwirrtheit und Schmerz auf die einzige Weise, die ihm oder ihr gerade zur Verfügung steht. Vielleicht braucht Ihr Kind Hilfe, die eigenen Gefühle zu erkennen und zuzulassen.

Gespräche helfen. Hier einige Tipps dazu:

- Reden Sie mit Ihrem Kind über die verstorbene Person! Viele Menschen haben Angst, Schmerzen aufzuwühlen oder die Trauernden am schnellen »Vergessen« zu hindern. Es ist aber nicht das Vergessen, was den Schmerz lindert, sondern gerade die liebevolle Erinnerung.
- Reden Sie auch über das Thema »Tod«. Sicherlich hat Ihr Kind viele Fragen und Sorgen zu dem Thema. Beantworten Sie seine Fragen, und benutzen Sie ruhig Worte wie »Tod« und »sterben«! Auch kleine Kinder verstehen diese Worte, wenn sie auch Schwierigkeiten haben, sich den Tod vorzustellen und die Endgültigkeit zu begreifen. Erwarten Sie Fragen wie: Was fühlt man, wenn man stirbt? Muss jeder Mensch sterben? Tut es weh? Muss ich auch sterben? Stirbst du? Bewerten Sie nicht, beschwichtigen Sie auch nicht vorschnell, hören Sie einfach nur zu! Vergewissern

Sie sich eventuell durch Fragen: »Hast du Angst, dass mir auch etwas passiert?«
- Vermeiden Sie beschönigende Metaphern. Besonders kleine Kinder können Erklärungen wie »Gott hat Mama zu sich gerufen« oder »Bennie schläft jetzt für immer« wörtlich nehmen und falsche Schlüsse ziehen. Finden Sie schonende, verständliche und kindgerechte Erklärungen für die jeweilige Todesursache.
- Gespräche über die verstorbene Person oder über das Thema Sterben sollten natürlich nur dann geführt werden, wenn Ihr Kind dafür offen ist und wenn eine dafür geeignete (ruhige) Atmosphäre herrscht.
- Horchen Sie auch auf mögliche »magische« Gedanken. Glaubt das Kind, es hätte den Tod verhindern können? Bemüht es sich heimlich darum, den geliebten Menschen durch Rituale (häufiges Waschen, Aufsagen gewisser Sätze usw.) ins Leben zurückzuholen?
- Beantworten Sie Fragen sachlich und knapp. Oder geben Sie zu, dass Sie auch keine Antwort haben. Versuchen Sie es gegebenenfalls mit einer Gegenfrage: »Was glaubst du denn?« Und: »Was würde das bedeuten?«

Weitere Tipps, wie Sie Ihrem trauernden Kind helfen können:

- Erlauben Sie Ihrem Kind, zwischendurch die Trauer zu »vergessen«. Freuen Sie sich, wenn Ihr Kind wieder toben kann oder mit Freunden lacht! Das Kind, das frei ist, alle Gefühle zu erleben, wird auch die Trauer besser bewältigen können.
- Ermuntern Sie die kreative Verarbeitung der Gefühle. (Mein Buch »Wohnst du jetzt im Himmel?« bietet dazu eine Anleitung.) Lassen Sie das Kind Bilder malen, Lieder singen, einen Abschiedsbrief schreiben, Erinnerungen aufschreiben, ein Album mit Bildern der verstorbenen Person anlegen oder eine Internetseite zum Gedenken an die verstorbene Person, die mit einer Seite für verwaiste Familien verlinkt werden kann (s. Liste von Webseiten am Ende dieses Buches).

- Tauschen Sie Erinnerungen aus, gucken Sie Fotos an.
- Falls noch »Zeit bleibt«, falls die geliebte Person also noch lebt: Ermöglichen Sie Ihrem Kind, sich zu verabschieden. Haben Sie keine Angst, dass Ihr Kind durch den Abschied erschreckt wird, der bevorstehende Tod wird dadurch nicht verhindert. Wohl wird das Kind aber danach eine Erinnerung und einen Trost haben.
- Erlauben Sie auch (natürlich nur, wenn das Kind dies will und wenn dies überhaupt möglich ist) einen letzten Blick auf den Leichnam, ein Abschiedsbild oder -geschenk als Beigabe ins Grab und die Teilnahme am Begräbnis. Allerdings sollte das Kind gut auf solche Ereignisse vorbereitet werden, damit es weiß, was es erwarten muss.
- Lesen Sie Bücher (s. auch Literaturliste). Es gibt auch viele Kinderbücher zum Thema!
- Sagen Sie Ihrem Kind, wie froh Sie sind, dass es lebt! (Vielleicht fühlt es sich schuldig, dass es überlebt hat und der Bruder gestorben ist).
- Wenn Sie im Moment diese Freude nicht spüren und auch keine Zuversicht fühlen, erklären Sie dies Ihrem Kind, vielleicht so: »Ich kann gerade gar nichts fühlen, ich fühle mich ganz eisig innen. Es muss schwer für dich sein, wenn ich so bin. Aber ich möchte, dass du weißt, dass ich dich immer liebe und ganz sicher bin, dass wir es zusammen schaffen werden.«

Während sich Hinterbliebene unmittelbar nach dem Verlust häufig nicht vorstellen können, je wieder Freude oder Liebe empfinden zu können, werden Sie auf lange Sicht gesehen in ihrer Liebesfähigkeit sogar noch gestärkt. Die verstorbene Person würde sich sicherlich freuen, wenn Ihre Familie in der Trauer »zueinander« finden würde.

Sexuelle Gewalt

Mindy ist ein unauffälliges, stilles Mädchen, das in der Schule keine Probleme hat. Als sie 12 Jahre alt ist, stellt der behandelnde Kinderarzt eine Geschlechtskrankheit bei ihr fest. Die Mutter ist fassungslos und stellt ihre Tochter zur Rede. Mindy gibt an, dass sie mit einem älteren Jungen aus der Nachbarschaft sexuelle Spiele gemacht habe. Eine Psychologin, die vom Arzt hinzugezogen wurde, bekommt eine andere Antwort: Seit sie 6 ist, wird Mindy von ihrem Vater sexuell missbraucht. Ihre Mutter will das nicht glauben. Wieso hat Mindy ihr nie etwas gesagt?

Auf den ersten Blick ist der sexuelle Missbrauch kein »Trauma« wie etwa eine lebensbedrohliche Gewalttat oder eine Naturkatastrophe. Beim genaueren Hinsehen allerdings wird deutlich, dass der sexuelle Missbrauch das Sicherheitsgefühl eines Kindes auf besondere Weise erschüttert. Gerade die Tatsache, dass das Trauma nicht in Form einer »Katastrophe« oder einer für alle sichtbaren Erschütterung daher kommt, verwirrt Kinder und lässt sie glauben, die Situation sei irgendwie »normal«. Da Kinder von Erwachsenen verantwortliches Handeln erwarten, merken sie nicht, dass es der Erwachsene ist, der Unverantwortliches tut, und suchen daher die »Schuld« bei sich selbst.

Tatsächlich ist sexuelle Gewalt – darunter ist langjähriger Missbrauch, aber auch eine einmalige Vergewaltigung zu verstehen – von allen Traumata dasjenige, das die höchste Gefahr einer anschließenden Störung in sich birgt. Mit anderen Worten, fast jedes zweite Kind, das sexuelle Gewalt erfährt, entwickelt eine posttraumatische Belastungsstörung.

Wenn hinzukommt, dass der erwachsene Täter eine Vertrauensperson ist, von der das Kind abhängt und die es liebt, wird die Situation für Kinder völlig unbewältigbar. Mögliche Symptome sind so vielfältig, dass sie kaum umfassend benannt werden können. Alle in diesem Buch beschriebenen Traumasymptome können vorkommen. Je länger das Kind mit der Situation unerkannt und allein fertig werden musste, desto gravierender können die Auswirkungen sein. Mehr als in allen anderen Fällen ist bei sexuellem Missbrauch und auch bei körperlichen Misshandlungen das Selbstwertgefühl des Kindes verletzt.

Mögliche Symptome:

- Minderwertigkeitsgefühle,
- körperliche Beschwerden (Bauchschmerzen, Asthma, Hautkrankheiten etc.),
- Depressionen,
- Scham,
- Schuldgefühle,
- Schlafstörungen, Albträume,
- Essstörungen (von Bulimie, Anorexia bis hin zu »Fresssucht«),
- Hilflosigkeit, Rückzug aus der Welt, Ohnmachtsgefühl,
- Vernachlässigung des Äußeren, der Kleidung, der Körperpflege,
- Angst und Panikanfälle,
- Intrusionen (ungebetene Erinnerungen, Gedanken oder Bilder) und Zwänge,
- Schwierigkeiten, Grenzen zu setzen oder »nein« zu sagen,
- Selbsthass und -verachtung (auch und vor allem gegen den eigenen Körper gerichtet),
- Annahme einer Außenseiterrolle,
- »Überstimuliertheit« oder auch scheinbare Gefühlskälte,
- gesteigertes Interesse an Sexualität (z. B. häufiges Onanieren, Berühren von Geschlechtsteilen bei anderen Kindern),
- Unkonzentriertheit oder Phasen, in denen das Kind irgendwie abwesend – nicht in seinem Körper zu Hause – ist (Dissoziation),
- frühzeitiges »Erwachsenwerden«,
- Selbstaggression und -verletzung (z. B. Haare ausreißen, »ritzen« mit Messern und Rasierklingen, Nägel abbeißen),
- Suizidversuche.

Sicherlich haben Sie selbst viele Fragen zu sexuellem Missbrauch. Vielleicht können Sie einfach nicht glauben, dass der Täter wirklich so etwas Schreckliches getan haben soll. Oder sie verstehen nicht, wieso Ihr Kind den Missbrauch »zugelassen« hat. Wenden Sie sich mit solchen Fragen bitte an Experten und lesen Sie Bücher zu dem Thema. Erwarten Sie nicht, dass Ihr Kind diese Fragen beantworten kann! Ihr Kind hat den Missbrauch zugelassen, weil es überfordert war und nicht wusste, was es sonst hätte tun können. Wenn Sie schon nicht glauben wollen, dass Erwachsene so etwas tun können, wie hätte dann Ihr Kind diese Tatsache akzeptieren sollen? Viel leichter ist es da, darauf zu vertrauen, dass alles irgendwie seine Richtigkeit haben muss oder sich selbst die Schuld zu geben. Vielleicht hat Ihr Kind ja versucht, sich durch vorgetäuschten Schlaf zu schützen, kam jedoch damit nicht weiter. Sicher kennen Sie das Bild des kleinen Kindes, das vor nahender Gefahr einfach die Augen zumacht und denkt, so ist es sicher. Genauso reagieren Kinder jeden Alters auch bei Missbrauch. Zudem ist das gesellschaftliche Tabu gegen sexuellen Missbrauch so groß, das schon kleine Kinder spüren, dass sie über ihre Erfahrungen nicht reden dürfen.

■ Ihr Kind ist unschuldig, denn alle Verantwortung liegt beim erwachsenen Täter!

Die amerikanische Traumaexpertin Judith Herman Lewis beschreibt in ihrem Buch »Narben der Gewalt«, wie es bei allen Formen von Missbrauch (dazu zählt sie neben sexuellem Missbrauch auch politische Folter, Sklaverei, Sekten) immer um die »totale Macht« geht. Es genügt den Tätern nicht, ihre Wünsche zu befriedigen, sondern die Opfer sollen sich vor allem völlig unterwerfen: durch Gehorsam, Gefolgschaft, Demütigung und sogar durch »Dankbarkeit«. So gibt es Vergewaltiger, die nach der Vergewaltigung von ihrem Opfer verlangen, dass sie sagen, das sei der beste Sex gewesen, den sie je hatten. Täter erreichen totale Abhängigkeit durch Drohung, durch Gewalt, durch Hinterlist, durch Verunsicherung oder einfach durch eine Zerstörung der Autonomie ihres Opfers. Urteilen Sie daher nicht, wenn Ihr Kind dem Täter gegenüber Gefühle von Loyalität, Dankbarkeit oder Verherrlichung entgegenbringt. Konzentrieren Sie sich lieber darauf, die Gefühle von Autonomie und Selbstbestimmung im Kind zu stärken.

Informieren Sie sich über sexuellen Missbrauch. In den Literaturhinweisen am Ende dieses Buches finden Sie weiterführende Bücher zum Thema. Wichtig ist dabei, dass Sie statistische Angaben nicht dazu benutzen, den speziellen Fall Ihres Kindes zu »vergleichen« oder zu bewerten. So ist das typische Opfer ein Mädchen zwischen 6 und 12 Jahren, das von einem nahen Familienangehörigen missbraucht wurde. Genauso »normal« aber ist der Missbrauch an einem 2-jährigen Kind, an einer 16-Jährigen oder an einem Jungen. Täter können auch Nachbarn, Mütter, Lehrer oder Fußballtrainer sein. Kein Opfer sollte das Gefühl haben, aus dem »Rahmen« zu fallen oder irgendwie »anders« zu sein. Alle Bevölkerungsschichten und alle Arten von Familien sind betroffen.

Sexueller Missbrauch ist trotz des »Sex« in dieser Bezeichnung vor allem ein Machtmissbrauch! Die Lust, die Täter aus dem Missbrauch gewinnen, hat mehr mit Machtgefühl, mit Demütigung und Erniedrigung zu tun als mit sexueller Befriedigung. Dies ist sehr verwirrend für das Kind, das irgendwie spürt, dass gerade ihre oder seine Hilflosigkeit dem Täter gefällt. So gravierend die Auswirkungen vom Missbrauch auf die Einstellung des Kindes zum eigenen Körper und zur eigenen Sexualität ist, so ist doch die Zerstörung des Selbstbewusstseins meist noch viel schlimmer.

Mögliche Formen von sexuellem Missbrauch:

- eine einmalige Belästigung durch einen Fremden,
- die Vergewaltigung durch ein Familienmitglied,
- regelmäßige sexuelle Stimulation,
- gewalttätige Belästigung oder Bedrohung,
- exhibitionistische Taten von Erwachsenen,
- sexuelle Andeutungen und Bemerkungen, die das Kind verunsichern und bloßstellen,
- das unangemessene »Beobachten« des Kindes beim Bad oder auf der Toilette,

- das Verwehren einer angemessenen Intimsphäre im eigenen Zimmer,
- das unangemessene Berühren von intimen Körperteilen,
- die Benutzung des Kindes zur sexuellen Erregung auf welche Art auch immer,
- eine Art »Liebesbeziehung« als Ersatz für eine nicht vorhandene Beziehung zum Partner.

Wenn Ihr Partner, Ihr Bruder oder Ihr eigener Vater der Täter war, sind Sie selbst auch betroffen! Bitte holen Sie professionellen Rat ein. Sicherlich müssen Sie Ihre eigene Beziehung zum Täter neu überdenken und eventuell wichtige Entscheidungen in Bezug auf die Zukunft treffen. Vielleicht sind Sie selbst auch missbraucht worden, in welcher Form auch immer. Sie tun Ihrem Kind einen Gefallen, wenn Sie sich selbst die nötige und angemessene Hilfe holen!

Faktoren, die den Verlauf der traumatischen Belastung nach sexuellem Missbrauch negativ beeinflussen:

- War der »Täter« eine geliebte Vertrauensperson, von der das Kind abhängt und die das Kind liebt?
- Dauerte der Missbrauch mehrere Jahre, wiederholte er sich oft?
- Wurde dem Kind suggeriert, es sei »schuld« an dem Missbrauch?
- Hungerte das Kind nach Zärtlichkeit und bekam diese nur für den Preis von sexueller Stimulation?
- Reagierte der kindliche Körper mit sexueller Erregung?
- Genoss das Kind eine bevorzugte Stellung dem Täter gegenüber?
- War das Kind bemüht, den Erwartungen des Täters zu entsprechen und ein möglichst guter »Partner« zu sein?
- Haben andere Familienmitglieder auf das »Unwohlsein« und mögliche Veränderungen im Verhalten des Kindes mit Desinteresse und Nicht-wissen-Wollen reagiert?

- Wurde ein Junge von einem Mann missbraucht und macht sich nun »Sorgen«, er könne als »homosexuell« gebrandmarkt sein?
- Haben andere Familienmitglieder von dem Missbrauch gewusst?
- Wurde dem Kind gedroht?
- Wurde das Kind zusätzlich körperlich misshandelt?
- Gab es mehr als einen Täter?
- Wurde das Kind materiell »entschädigt«, etwa durch Geld oder Geschenke?
- Hat das Kind um Hilfe gebeten und diese nicht bekommen?
- Wurde dem Kind (im Fall eines Missbrauchs durch den Vater oder Stiefvater) suggeriert, es müsse die Stelle der abweisenden Mutter übernehmen?
- Wurde dem Kind suggeriert, es schütze durch den Missbrauch andere Geschwister oder die Mutter vor ähnlichen Erfahrungen?
- Sind nach Bekanntwerden des Missbrauchs für den Täter oder auch für die Familie negative Konsequenzen aufgetreten (muss zum Beispiel der Vater ins Gefängnis, haben sich die Eltern getrennt, wurde die Familie »auseinander gerissen«)? Macht der Täter dem Kinde Vorwürfe? In diesem Fall wird das Kind sich innerlich zerrissen fühlen!

Je mehr dieser Fragen Sie beantworten können, desto besser können Sie sich vielleicht in das Kind hineinversetzen. Machen Sie sich zu jeder der oben beschriebenen Situationen einmal Gedanken, was diese im Einzelfall wohl für ein Kind bedeutet. Allerdings sollten Sie Ihr Kind nicht mit Fragen bedrängen. So sollten Sie auf keinen Fall fragen, ob es vom Missbrauch irgendwie erregt wurde. Wenn dies nicht der Fall war, wird es über die Frage empört sein. War es der Fall, wird es dies nicht ohne weiteres zugeben. Seien Sie einfach da, um die schreckliche Erfahrung Ihres Kindes zu teilen und mit der Zeit wird es sich Ihnen gegenüber hoffentlich öffnen. Wenn Sie eine Vermutung äußern, dann tun sie dies ganz wertfrei und so, dass das Kind die Vermutung auch verneinen kann. Etwa so: »Ich könnte mir vorstellen, dass du dich über die Geschenke gefreut hast, die du da immer gekriegt hast.« Wenn das Kind nickt, können Sie davon ausgehen, dass sich das Kind »schuldig« fühlt, weil es gewisse Aspekte des Missbrauchs genossen hat.

Das Wichtigste, was Sie im Moment tun können, ist, Ihrem Kind zu glauben. Kinder erfinden keine »Geschichten«, wenn sie nicht dazu angeleitet werden. Wenn sich hinterher herausstellt, dass Kinder die Unwahrheit gesagt haben, so haben sie in den allermeisten Fällen eher unter- als übertrieben, vielleicht Dinge erfunden, um den wahren Täter zu schützen oder vermeintliche eigene Schuld zu verdecken. Wenn Ihr Kind sich »verheddert« und Ungereimtheiten erzählt, dann bezweifeln Sie nicht gleich alles bisher Gesagte, sondern haben Sie Verständnis dafür, dass Ihr Kind sich nur bruchstückweise mit der Wahrheit heraustraut.

Einige Tipps für den Umgang mit Kindern, die sexuell missbraucht wurden:

- Seien Sie geduldig und verständnisvoll.
- Machen Sie kein »Tabu« aus dem Missbrauch. Wenn Ihr Kind spürt, dass über den Missbrauch nicht gesprochen werden darf, wird es sich weiter schämen. Andererseits wird es wahrscheinlich nicht viel sagen wollen. Seien Sie einfach offen und bereit zuzuhören. Hüten Sie sich vor »Verhören« oder Ausfrage-Sitzungen. Es geht nur darum, dem Kind zu helfen, seine Gefühle zu erkennen und zu integrieren. Vielleicht genügt eine gelegentliche Bemerkung wie »Du denkst noch viel daran, was Papa mit dir gemacht hat, nicht wahr?«
- Falls wegen möglicher juristischer Nachspiele Informationen eingeholt werden müssen bezüglich der genauen Abläufe und Vergehen, überlassen Sie solche Fragen unbedingt erfahrenen Psychologen!
- Formulieren Sie nur wertfreie Fragen. In der Frage: »Wieso hast du so lange nichts gesagt?« liegt eine Anklage. Besser ist: »Hast du mal daran gedacht, jemandem davon zu erzählen?«
- Glauben Sie Ihrem Kind, hinterfragen Sie nichts! Ihr Kind wird

eher unter- als übertreiben! Bemerkungen wie »Das kann ich mir gar nicht vorstellen!« oder »Bist du sicher, dass er dich da absichtlich angefasst hat?« vermitteln Ihrem Kind das Gefühl, dass ihm oder ihr nicht geglaubt wird.
- Wenn Sie etwas zum Missbrauch sagen, betonen Sie stets, dass ALLE Verantwortung beim Täter lag. Ihr Kind ist völlig unschuldig. Nehmen Sie den Täter nicht in Schutz. Auch wenn der Täter depressiv ist, selbst früher misshandelt wurde oder sonst wie »entschuldigt« werden kann, jede In-Schutz-Nahme des Täters belastet Ihr Kind.
- Haben Sie andererseits Verständnis dafür, wenn Ihre Tochter trotz der Vorfälle den Täter noch liebt. Drücken Sie einfach Verständnis aus: »Es ist sehr schwer zu verstehen, wie er dies hat tun können, nicht wahr?« »Du vermisst ihn sehr, nicht wahr?«
- Bemühen Sie sich, eigene negative Gefühle (Abscheu, Ekel, Verachtung usw.) abzuschwächen, um Ihr Kind nicht zu verunsichern. Es wird nicht unterscheiden können, ob der Ekel der Sache, dem Täter oder ihr selbst gilt.
- Helfen Sie Ihrem Kind, die eigene Erfahrung zu »normalisieren«. Wahrscheinlich hat Ihr Kind das Gefühl, es unterscheide sich von allen anderen Kindern, denen solche Sachen nie passieren würden. Erklären Sie, dass viele Kinder Ähnliches durchmachen und dass auch alle Symptome angesichts des Missbrauchs völlig verständlich sind.
- Behandeln Sie Ihr Kind »normal«. Das Leben muss weitergehen und Ihr Kind ist nicht »gebrandmarkt«. Lassen Sie Ihr Kind spielen, sich mit Freunden treffen, setzen Sie gewohnte Rituale und Traditionen fort, helfen Sie Ihrem Kind, wieder »Kind« zu sein.
- Falls der Missbrauch über einen längeren Zeitraum stattfand und Sie nichts davon wussten, drücken Sie Bedauern über das Versäumte aus. Klagen Sie sich nicht über Gebühr an und schieben Sie dem Kind keine Schuld dafür zu, dass es nicht um Hilfe gebeten hat. Das war ihm aus verschiedenen Gründen nicht möglich. Wenn Sie einfach nur anerkennen, dass das Kind wichtige Unterstützung entbehren musste, können Sie sich darauf konzentrieren, es in Zukunft besser zu machen.

Je kleiner Ihr Kind ist, desto größer ist die Gefahr für die sich entwickelnde Persönlichkeit. Andererseits ist aber auch die Chance größer, dass sich mit der richtigen Hilfe Langzeitfolgen minimieren lassen. Die obigen Tipps gelten auch für den Umgang mit kleinen Kindern! Auch Kleinkinder empfinden Scham, Schuld, Ambivalenz (d. h. sie empfinden zugleich Liebe und Abscheu) oder Ablehnung des eigenen Körpers und brauchen Hilfe, diese Gefühle zuzulassen und zu verarbeiten. Im gleichen Atemzug brauchen sie die Sicherheit, dass das Leben weitergeht und dass sie in Zukunft beschützt, respektiert und geliebt werden.

Die Behandlung von Kindern, die sexuell missbraucht wurden, kann nicht allein die Verantwortung von Eltern sein. Sehen Sie die Anregungen in diesem Buch als Hilfe sich zu orientieren, wie Sie mit Ihrem Kind umgehen können, aber holen Sie auch professionelle Hilfe von außen. Wenden Sie sich an eine Organisation wie »Wildwasser« oder auch an das örtliche Jugendamt, um geeignete Ansprechpartner zu finden.

Mobbing in der Schule

Daniel geht in die 2. Klasse. Er geht nicht gern in die Schule. Die anderen Kinder mögen ihn nicht, sagt er. Die Mutter ermuntert ihn, ein bisschen netter zu den anderen Kindern zu sein. Das versuche er ja, sagt er, aber es nützt nichts. Schließlich beschließt die Mutter, einmal mit der Lehrerin zu reden. Doch ehe sie dazu kommt, kehrt Daniel eines Tages völlig verstört nach Hause und rennt sofort in sein Zimmer. Die Mutter ist verwundert und fragt, was los ist. Schließlich beginnt Daniel zu weinen und erzählt, was passiert ist: Die Jungs in seiner Klasse, zuerst nur 3 oder 4, am Ende mindestens 10, haben ihn in der Pause über den Schulhof gejagt, geschubst und getreten. Sie haben ihn auf dem Spielplatz in den Sandkasten geworfen und ihm Sand in den Mund gestopft. Dabei riefen sie Worte wie »Heulsuse«, »Wichser« und »Arschloch«. Bei Pausenende liefen alle zurück in die Klasse und Daniel wurde noch von der Lehrerin beschimpft, weil er zerzaust und zu spät zum Unterricht erschien.

Wenn Sie von den Schikanen Ihres Kindes in der Schule erfahren, dann haben Sie vielen Eltern etwas voraus: Nur 50 % aller Eltern erfahren es, wenn Ihr Kind gemobbt wird. Lehrer erfahren sogar von nur jedem dritten Fall. Welcher Tortur unsere Kinder tagtäglich an den Schulen ausgesetzt sind, mag man sich gar nicht vorstellen. Kinder werden gehänselt, ausgegrenzt, beleidigt, verleumdet, geschlagen, getreten, bedroht, verspottet, erpresst, bestohlen und verletzt. Dieses Phänomen ist universell: So wurde beispielsweise in Norwegen festgestellt, dass zwischen 6,4 % und 7,5 % (je nach Klasse) aller Jungen gemobbt werden, in England sind es schon 25,5 %, und in Deutschland sollen es einer Untersuchung zufolge, die in Schleswig-Holstein durchgeführt wurde, sogar über 30 % sein. In jedem Fall sind Jungen häufiger betroffen als Mädchen.

Die Schikanen, die Kinder Kindern antun können, stehen den Aktionen von Erwachsenen in nichts nach. Dazu gehören Erpressungen, Beleidigungen, Spott, Drohungen, Gerüchte, Raub, Verletzungen und einiges mehr. Hinterher (wenn sie es überhaupt je merken) fallen Eltern aus allen Wolken. Wie haben sie die Not ihres Kindes nicht mitbekommen können? Im Folgenden finden Sie einige mögliche Hinweise, Verhaltensweisen oder Symptome, die den Eltern verdächtig vorkommen sollten, besonders wenn sie ganz plötzlich einsetzen und sich das Kind nie zuvor so verhalten hat.

Plötzliche Veränderungen, die den Verdacht auf Mobbing aufkommen lassen sollten:

- das Kind kommt immer wieder nach Hause und hat angeblich Anziehsachen, Schulbücher oder andere persönliche Dinge verlegt, verloren, zerrissen oder zerstört,
- das Kind kommt immer wieder mit Verletzungen (blauen Flecken, Schürfungen, Prellungen, Kratzern) nach Hause, für die es die Schuld auf sich nimmt,
- das Kind braucht viel Geld (und stiehlt dies eventuell) für fadenscheinige Zwecke,

- das Kind geht nicht mehr gern zur Schule,
- das Kind bleibt nach der Schule am liebsten zu Hause,
- das Kind klagt, dass niemand in der Schule es mag oder alle gegen sie oder ihn sind,
- die Leistungen des Kindes sinken rapide,
- das Kind erscheint hilflos, deprimiert, unsicher.

Wenn Sie nicht sicher sind, ob Ihr Kind gemobbt wird oder wurde, fragen Sie behutsam nach.

Fragen, die gemobbte Kinder zum Reden bringen können:

- Wer sind deine Freunde?
- Wen magst du gar nicht?
- Was machst du in der Pause? Mit wem spielst du?
- Wenn du Probleme in der Schule hättest, wem würdest du davon erzählen?
- Wer hat in deiner Klasse das Sagen (Wer ist der »Boss«)? Wie finden die anderen Kinder diese Person? Haben sie Achtung oder eher Angst?
- Gibt es Kinder, die niemand mag oder auf denen andere herumhacken?
- Wie reagierst du, wenn zwei sich streiten? Wie reagieren die anderen?
- Was macht die Lehrerin, wenn es Streit gibt?
- Wer passt während der Pause auf dem Schulhof auf?
- Gibt es Ecken auf dem Schulhof, wo man sich gut verstecken kann oder wo man nicht entdeckt wird? Warst du da schon mal?
- Welches Klo benutzt du, wenn du mal musst? Ist das sauber? Fühlst du dich da wohl?
- Wo bist du in der Pause am liebsten?
- Gehst du nach der Schule allein nach Hause oder begleitet dich jemand ein Stück des Weges?
- Gibt es manchmal Raufereien? Beleidigungen?
- Hat dich schon mal jemand geschubst oder geschlagen?

- Was würdest du tun, wenn dir jemand droht oder Geld von dir will?

Kinder, die von ihren Klassenkameraden gehänselt werden, fühlen sich hilflos und ausgeliefert. Oft werden sie bedroht und trauen sich nicht, einen Erwachsenen um Hilfe zu bitten. Die anderen Kinder schauen oft zu oder werden zu Mitläufern. Vielleicht sind sie froh, dass sie nicht selbst Opfer sind. Je länger das Mobbing andauert, desto verzweifelter werden die Betroffenen. Ein hoher Prozentsatz aller Suizide von Kindern und Jugendlichen sind auf Mobbing zurückzuführen!

Gemobbte Kinder zweifeln an sich selbst, sie fühlen sich verantwortlich und schämen sich. Oft suchen sie die »Schuld« bei sich – vielleicht fühlen sie sich hässlich, dumm oder einfach irgendwie anders. Machen Sie Ihrem Kind keine Vorwürfe darüber, dass es sich nicht früher an Sie gewandt hat! Es wusste sicherlich in seiner Verzweiflung nicht, was es tun soll. Oder es hatte Angst, dass Sie gleich Alarm schlagen und so das Kind der Rache der Mobber aussetzen. Bedenken Sie, dass die Mobber oft drohen, dem Kind noch mehr zu schaden, wenn es »petzt«.

Welche Symptome hat Ihr Kind? Eventuell eignen sich auch Rollenspiele, die Mobbingsituation nachzuspielen. Es kommt dann darauf an, zu sehen, was passiert ist, wie das Kind sich gefühlt hat und auch auszuprobieren, wie es in Zukunft mit solchen Situationen umgehen kann.

Wichtig ist, dass Sie hinter ihm stehen und sofort alles tun, damit das Mobbing aufhört. Die Schule muss informiert werden, damit die Beteiligten zusammen entscheiden können, wie der Situation begegnet werden kann. Im günstigsten Fall hat die Schule ein Interesse daran, dass Gewalt und Mobbing unterbunden und geahndet wird. Wenn jedoch die Schule die Vorfälle bagatellisiert oder sich nicht kümmern will, müssen Sie sich an eine höhere Stelle wenden oder ihr Kind aus der Schule nehmen! Die Schule, die Gewalt und Mobbing duldet, »züchtet« aggressive und gewalttätige Schüler!

Dabei können Schulen eine Menge tun. In vielen Städten und

Gemeinden gibt es spezielle Programme, die helfen sollen, Schüler zur Gewaltlosigkeit, sozialen Kompetenz und Konfliktfähigkeit zu erziehen. Reden Sie mit Lehrern, Schuldirektion, Verantwortlichen bei der Schulbehörde. Dan Olweus hat ein Programm für Schulen ausgearbeitet, das nachgewiesen die Aggressivität und Gewalt an Schulen reduziert. Viele Schulen haben Schülerlotsen-Programme (hierbei werden Schüler als Mediatoren für Schülerkonflikte ausgebildet). Fragen Sie auch an, ob die Schule zum Beispiel den Pausenhof anders gestalten oder die Aufsicht verbessern kann. Vielleicht sind auch Eltern daran interessiert, während der Pausen aufzupassen. Es gibt so viele Ideen! Machen Sie mit bei den Bemühungen, die Gewaltatmosphäre an deutschen Schulen zu verändern. Werden Sie aktiv – so wird aus dem schlimmen Erlebnis zumindest etwas Gutes und anderen Kindern wird geholfen.

Bei aller Wut, die Sie wahrscheinlich den Mobbern gegenüber haben, möchte ich doch darauf hinweisen, dass häufig Mobber und Gemobbte nicht klar zu trennen sind. Oft sind Mobber auch Gemobbte und umgekehrt. Kinder werden von »Mächtigeren« gemobbt und mobben ihrerseits andere Kinder, die noch weiter unten auf der Rangleiter stehen. Achten Sie daher in Gesprächen mit Ihrem Kind darauf, dass Sie Raum für die Möglichkeit lassen, dass Ihr Kind eventuell auch solche »schlimmen« Sachen macht. Wenn Sie allzu »empört« sind, traut sich Ihr Kind vielleicht nicht, darüber zu reden, was es selbst zur Situation beigetragen hat. Zeigen Sie sich verständnisvoll dafür, dass man in Extremsituationen auch mal zu Mitteln greifen kann, die nicht okay sind – solange man sich nicht anders zu helfen weiß.

Und auch die Mobber und die Eltern der Mobber sind wahrscheinlich sehr viel eher bereit, gemeinsam nach Lösungen zu suchen, wenn Sie nicht mit dem erhobenen Zeigefinger kommen und nur im anderen Kind die Schuld suchen. Die Eltern der mobbenden Kinder werden dann erst einmal ihr Kind in Schutz nehmen wollen und haben, wenn sie sich angegriffen fühlen, kein offenes Ohr für die Leiden Ihres Kindes. Gespräche haben am ehesten Aussicht auf Erfolg, wenn das Thema, um das es geht, neutral formuliert wird. Etwa so: »Auf dem Schulhof kommt es immer wieder zu Streitigkeiten zwischen unseren Kindern« (statt: »Ihr Kind haut immer mein Kind«). Es geht schließlich darum, eine Lösung für das Problem zu finden, damit in Zukunft alle Kinder der Klasse einander in Frieden lassen. Da ist die Schuldfrage nebensächlich, wenn nicht sogar hinderlich. Aus diesem Grund sollten »Strafen« auch nicht als Demütigungen für die Mobber ausgeteilt werden, sondern sich als Konsequenz aus bestimmten Handlungen ergeben. Mit anderen Worten: Schüler X wird nicht bestraft, weil er »schlimm und böse« ist, sondern Schüler X hat eine bestimmte Regel verletzt und trägt nun die (im Idealfall vorher abgesprochene) Konsequenz.

Was hilft:

- Selbstvertrauen des gemobbten Kindes stärken.
- Selbstvertrauen des mobbenden Kindes stärken.
- Gespräche im Unterricht (darüber, was Mobbing ist, warum manche Kinder andere schikanieren, wie sich »gemobbt werden« anfühlt, welche Lösungen Kindern einfallen). Auch konkrete Fälle (ob hypothetisch oder tatsächlich passierte) sollten diskutiert werden.
- Definition von klaren Regeln: Jeder Schüler sollte die Regeln kennen, an die sich alle halten müssen.
- Senkung der Toleranzschwelle (d. h. bereits Beschimpfungen sollten unterbunden und sanktioniert werden) – und zwar sowohl in der Schule als auch zu Hause.
- Umgestaltung der Schullandschaft (bessere Aufsicht, Sport und Spiel während der Pause etc.).
- Anti-Gewalt Programme, Schülerlotsenprogramm, Mediation.
- Direkte Intervention bei Mobbing: Jeder Mobber muss zum Einzelgespräch und hat die Möglichkeit, die eigenen Motive zu erklären. Er wird um Mithilfe gebeten, dafür zu sorgen, dass »Mobbing« nicht mehr vorkommt, und wird angehalten, ein entsprechendes Versprechen zu machen. Auch die »Mitläufer« kommen zum Einzelgespräch. Es werden Sanktionen bestimmt,

die bei Wiederholung der Mobbinghandlung erteilt werden. Diese können bis zum Ausschluss aus der Schule gehen!

Opfer oder Zeuge einer Gewalttat

Die 15-jährige Leyla saß nach der Schule nichts ahnend in der U-Bahn, als drei jugendliche Mädchen, in etwa im gleichen Alter wie sie, dazustiegen. Sie setzten sich Leyla gegenüber und machten abfällige Bemerkungen. Leyla reagierte mit Augenrollen und der Frage: »Was ist denn mit euch los?« In der nächsten Sekunde stürzten sich die drei Mädchen auf Leyla und schlugen sie so heftig, dass sie nachher im Krankenhaus an mehreren Stellen genäht werden musste. Keine der anderen Passagiere kam Leyla zu Hilfe und die drei Mädchen konnten an der nächsten Station unbehelligt aussteigen.

Wir haben bereits gesehen, dass Traumata, die von Menschen verursacht werden, belastender sind als solche, die durch Naturereignisse oder Unfälle ausgelöst werden. Gewalttaten sind aber nicht nur für die unmittelbaren Opfer belastend, sondern auch für die Angehörigen, sowie für unbeteiligte Zeugen. Je jünger die Kinder, desto höher ist die Gefahr, dass sie allein vom Ansehen oder Zuhören eines schockierenden Geschehens aus der Bahn geworfen werden. Dazu genügt es schon, Nachrichtenmeldungen – besonders solche mit grafischen Bildern oder Beschreibungen – zu sehen.

Kinder, die Gewalttaten gegen sich oder gegen Angehörige, erlebt haben oder auch eine Gewalttat gesehen haben, können alle bereits aufgeführten Symptome an den Tag legen. Die erste Reaktion ist für Zeugen ebenso wie für unmittelbar Betroffene der Schock. Es können sich auch Erinnerungen, Flashbacks und Ängste einstellen. Ein Thema, das in fast jedem Fall von Bedeutung sein wird, ist die Sicherheit. Fragen, die das Kind beschäftigen – ob sie nun ausgesprochen werden oder nicht:

»Wieso hat er das getan?«
»Kann so etwas auch mir passieren?«

»Ist meine Familie sicher?«
»Bin ich sicher?«

Bevor die Verarbeitung des Traumas einsetzen kann, muss das Kind in Sicherheit gebracht werden und sich wieder beschützt fühlen. Keine Aufgabe ist so wichtig, wie die, dem Kind wieder ein Gefühl von Geborgenheit und Sicherheit zu vermitteln. Bestimmt fallen Ihnen eine Menge Dinge ein, die Sie als Eltern tun können, um Ihr Kind in Zukunft besser zu schützen: es zur Schule begleiten, nicht mehr allein auf der Straße spielen lassen, vor Fremden warnen. Das Problem ist, das Sie beim besten Willen Ihr Kind nicht immerzu und vor allen Gefahren schützen können. Außerdem wird dem Kind unter Umständen durch solche Schutzmaßnahmen das Gefühl gegeben, es schwebe ununterbrochen in Gefahr. Soll denn das Kind nie wieder allein auf die Straße gehen? Besser ist es, dem Kind zu helfen, selbst auf sich aufzupassen!

Besprechen Sie mit Ihrem Kind, was es tun kann, um sich in Zukunft sicher zu fühlen. Im Folgenden finden Sie einige Vorschläge, doch benutzen Sie diese nur als Anregungen, wenn Ihr Kind völlig ratlos ist. Sehr viel besser ist es, wenn Ihr Kind selbst entsprechende Ideen entwickelt.

Was Kindern helfen kann, sich sicher zu fühlen:

- einen Glücksbringer (Stein, Stofftier, Hasenpfote) mit sich tragen,
- einen Selbstverteidigungskurs machen,
- eine Trillerpfeife bei sich tragen,
- eine Schul- oder Bürgerinitiative starten gegen Gewalt, für eine bessere Straßenbeleuchtung oder ähnliche Zwecke,
- mit Ladenbesitzern auf dem Schulweg reden und ausmachen, dass bedrängte Kinder bei Gefahr dort Hilfe holen können.

Dass Hilflosigkeit ein großer Faktor bei der Traumatisierung ist, haben wir schon mehrmals betont. Und auch, dass man ein Trauma um so besser verarbeitet, je »aktiver« und tatkräftiger man damit umgeht. Im Kapitel »Ängste, Panik ...« ist erwähnt, dass Kinder sich nicht vor beängstigenden Situationen verkriechen dürfen. Andererseits darf man auch keinen Druck ausüben und »mutiges« Verhalten verlangen, wenn sie noch nicht bereit dazu sind. Eine schrittweise Annäherung oder Gewöhnung an die Angst auslösenden Situationen ist erforderlich. Außerdem können Gespräche helfen, die sich mit der Wahrscheinlichkeit, dass ein bestimmtes Ereignis eintrifft, befassen. Allerdings hilft es dem Kind gar nichts, wenn man sagt: »Das wird nicht mehr passieren, ich verspreche es dir!« Warum sollte das Kind Ihnen glauben? Besser, sie leiten Ihr Kind durch Fragen darauf, selbst zu erkennen, wie unwahrscheinlich gewisse Dinge sind.

Ein weiteres typisches Symptom von Gewaltopfern ist Scham. Leyla aus dem eingangs geschilderten Fallbeispiel hat sich geschämt, von drei Gleichaltrigen zusammengeschlagen worden zu sein. Ihnen mag nicht einleuchten, warum man sich für die Taten von anderen Menschen schämen soll. Es ist aber ganz einfach so, dass Opfer fast immer zumindest einen Teil der Schuld bei sich selbst suchen. Irgendetwas muss an ihnen nicht stimmen, denken sie, sonst wären sie nicht »Opfer« geworden. Fragen Sie die Schule Ihres Kindes oder direkt die nächste Polizeidienststelle, ob es möglich ist, ein Anti-Gewalt-Training in der Klasse durchzuführen. Ein solches Training ist geeignet, das Selbstwert- und Sicherheitsgefühl der Kinder zu stärken. Lesen Sie doch noch einmal das Kapitel »Selbstwertgefühl aufbauen und Stärken entwickeln«, das Tipps enthält, wie Ihr Kind beginnen kann, sich als Überlebender statt als Opfer zu sehen, und wie es sich in Zukunft vor einer erneuerten Gewalttat schützen kann.

6. Das Leben geht weiter

Mindy (S. 138) ist heute eine erwachsene Frau, die als Erzieherin arbeitet. Sie war mehrere Jahre in therapeutischer Behandlung, hat viele Bücher zum Thema sexueller Missbrauch gelesen und einige schwierige Beziehungen hinter sich. Doch obwohl der »Heilungsprozess« Jahre gedauert hat, hat sie sich heute mit ihrer Vergangenheit arrangiert. Sie wird nicht mehr von Erinnerungen heimgesucht und hat seit mehreren Jahren eine glückliche Beziehung. Sicherlich wäre ihr Leben anders verlaufen, wenn sie nicht missbraucht worden wäre. Doch wer sagt, dass es besser geworden wäre? Wahrscheinlich, so glaubt sie, wäre sie weniger an sozialen Dingen interessiert und hätte einen anderen Beruf erwählt. Es ist schon in Ordnung, wie alles gekommen ist ...

Wenn Ihr Kind nach dem Trauma wieder in »Sicherheit« ist und die schrecklichen Gefühle, Ängste und Erfahrungen verarbeitet hat, ist es an der Zeit, nach vorn zu blicken. Dies heißt nicht, dass Ihr Kind das Trauma vergessen soll – ein dermaßen einschneidendes Erlebnis kann man nicht vergessen. Vielleicht ist Ihr Kind sich auch durchaus bewusst, dass das Leben nie mehr so wie vorher werden wird. Die Erinnerung daran, wie es einst war, ist vielleicht sogar ein wichtiges Element für das Weiterleben.

Was Ihr Kind für die Zukunft braucht:
- Sicherheit,
- Vertrauen,
- Autonomie,
- Initiative, Einfluss,

- Integration des Traumas,
- positive Identität (Selbstbild), Selbstachtung,
- Beziehungen, Intimität.

Sehen Sie sich diese Liste genau an und überlegen Sie, was Ihnen und Ihrem Kind bereits gut gelungen ist und wo es noch hapert. Ist Ihr Kind wieder in Sicherheit? Ist es versorgt und betreut, so dass es sich nicht um die Befriedigung umittelbar lebenswichtiger Bedürfnisse sorgen muss? Hat es begonnen, wieder Vertrauen zu fassen – auch wenn es zunächst noch ein sehr begrenztes Vertrauen ist, vielleicht gerade mal in ein oder zwei Personen. Gibt es Bereiche, wo das Kind über sich bestimmt, Entscheidungen trifft und Dinge allein »schafft«, also Autonomie erlebt? Macht es erste Ansätze, selbst die Initiative für Dinge zu ergreifen und ist es ihm vergönnt, Einfluss auf andere Menschen zu haben (vor allem: spürt es die eigene »Macht«, andere Menschen glücklich zu machen)? Ist das Kind auf dem Weg, das erfahrene Trauma zu »akzeptieren«, also als Teil des eigenen Lebenswegs zu verstehen und integrieren? Wie steht es mit dem Selbstbild und Selbstvertrauen Ihres Kindes? Ist es zumindest in Teilbereichen auf dem Wege, an sich und seine Kraft zu glauben? Und zu allerletzt: Erfährt es eine tiefe Beziehung (mit Ihnen?), in der es sich verstanden und akzeptiert fühlt? Wenn Sie sich um Ihr Kind sorgen und bereit sind, sich auf die Gefühle und Schmerzen einzulassen, Ihren Teil dazu zu tun, damit Ihr Kind diese Krise meistert, dann bieten Sie Ihrem Kind eine solche Beziehung an, an der es wachsen kann.

Beachten Sie aber auch die Persönlichkeit Ihres Kindes. Wenn es schon vor dem Trauma zurückhaltend und schüchtern war, dann wird es sich schwerlich zu einem extrovertierten »Machertypen« wandeln. Und in jedem Fall wird es Höhen und Tiefen, Fortschritte und Rückschläge geben. Mal hat es den Anschein, als sei Ihr Kind »drüber weg«, und dann kommen – vielleicht anlässlich von Jahrestagen oder bei erinnerungsauslösenden Eindrücken – einige der alten Symptome zurück. Dann sollten weder Sie noch Ihr Kind enttäuscht sein. Halten Sie sich an den Fortschritten fest und bleiben Sie zuversichtlich.

Manchen Betroffenen gelingt es tatsächlich, nach einem Trauma gestärkt weiterzumachen. Fragt man Menschen, die Jahre zuvor ein Trauma erlebt haben, ob sie das, was passiert ist, gerne ungeschehen machen würden, bekommt man häufig die Antwort: »Nein, denn dann wäre ich heute nicht der Mensch, der ich geworden bin.« Jede lebensbedrohliche Erfahrung oder Krankheit, die überlebt wurde, kann zu einer neuen Wertschätzung des Lebens und zu neuer Prioritätensetzung führen. Eine auseinander driftende Beziehung kann unter extremer Belastung auseinander brechen – oder aber sich intensivieren, wie es unter »normalen« Umständen nicht möglich gewesen wäre. Nach großem Schmerzen widmet man sich womöglich einem sozialen oder karitativen Zweck und erfährt dadurch eine große Sinngebung.

Mögliche »Reifungserfahrungen« nach einem Trauma (nach Maercker):

- Beziehungen zu Anderen, tiefere Verbundenheit,
- Wertschätzung des Lebens, andere Prioritätensetzung,
- neue Möglichkeiten, Veränderungswillen,
- persönliche Stärken, Bewältigungsmöglichkeiten,
- religiös-spirituelle Veränderungen,
- Mitgefühl mit anderen, Empathie.

Reifen kann Ihr Kind zwar nicht auf Befehl. Doch wenn Sie bemerken, dass Ihr Kind »weiser«, mitfühlender, stärker, gewissen Dingen gegenüber offener oder interessierter ist, dann sind Sie vielleicht Zeuge eines solchen Reifungsprozesses. Natürlich erwartet niemand, dass Sie oder Ihr Kind »dankbar« für das Trauma sein sollen. Aber das Gefühl, dem Trauma etwas Positives abgewonnen zu haben, ist ein sicheres Zeichen dafür, dass der oder die Betroffene begonnen hat zu heilen.

7. Ausgewählte Literatur zum Thema

Für Eltern

Broeckmann, S. (2002): Plötzlich ist alles ganz anders – wenn Eltern an Krebs erkranken. Stuttgart.
Brütting, S. (2011): Was macht der Krebs mit uns? Kindern die Krankheit ihrer Eltern erklären. Bonn.
Deegener, G. (2000): Kindesmissbrauch. Erkennen, Helfen, Vorbeugen. Weinheim.
Eckardt, J. (2003): Regeln finden, Regeln einhalten. Stuttgart.
Eckardt, J. (2005): Wohnst du jetzt im Himmel? Ein Abschieds- und Erinnerungsalbum für trauernde Kinder. Gütersloh.
Eckardt, J. (2006): Kinder im Scheidungsschmerz. So helfen Sie Ihrem Kind durch die Trennung. Stuttgart.
Eckardt, J. (2012): Mobbing bei Schulkindern. Hilfe und Vorbeugung. Freiburg i.B.
Eliacheff, C. (2007): Das Kind, das eine Katze sein wollte. Psychoanalytische Arbeit mit Säuglingen und Kleinkindern. München.
Enders, U. (2003): Zart war ich, bitter war's. Handbuch gegen sexuellen Missbrauch. Köln.
Ennulat, G. (2012): Kinder trauern anders. Freiburg.
Friedrich, S.; Friebel, V. (1996): Trau dich doch. Wie Kinder Schüchternheit und Angst überwinden. Reinbek.
Friese, H.-J.; Friese, A. (1997): Manchmal habe ich solche Angst, Mama. Wie Eltern ihren Kindern helfen können. Freiburg.
Gerber, G. (1984): Umzug tut weh. Probleme in Schule und Familie – Eltern helfen ihren Kindern. Reinbek.
Gloor Maung, P. (2003): Scheiden tut auch Kindern weh. Welche Hilfe Kinder brauchen, wenn Eltern sich trennen. Freiburg.
Leist, M. (2004): Kinder begegnen dem Tod. Gütersloh.

Levine, P. A. (2010): Sprache ohne Worte. Wie unser Körper Trauma verarbeitet und uns in die innere Balance zurückführt. München.

Markway, G.; Markway, B. (2007): Kinderängste und Schüchternheit überwinden. Ein Praxisratgeber für Eltern. Weinheim und Basel.

Olweus, D. (2008): Gewalt in der Schule. Was Lehrer und Eltern wissen sollten – und tun können. Bern.

Ribbeck, J. von (2003): Schnelle Hilfe für Kinder. Was Eltern bei Unfällen und akuter Krankheit tun können. München.

Ribbek, J. von (2007): Schnelle Hilfe für Kinder. Notfallmedizin für Eltern. München.

Schmidt-Traub, S. (2006): Zwänge bei Kindern und Jugendlichen. Ein Ratgeber für Kinder, Jugendliche, Eltern und Erzieher. Göttingen.

Schmidt-Traub, S. (2010): Selbsthilfe bei Angst im Kindes- und Jugendalter. Ein Ratgeber für Kinder, Jugendliche, Eltern und Erzieher. Göttingen.

Seyffert, S. (2011): Entspannung für kleine Knirpse. Zur Ruhe kommen mit Spielen, Übungen und Geschichten. München.

Specht-Tomann, M. (2007): Wenn Kinder Angst haben. Wie wir helfen können. Düsseldorf.

Stellamans-Wellens, H. (2002): Narben auf der Seele. Traumatisierte Kinder und ihre Eltern. Stuttgart.

Walter, D. C. (1998): Kinder vor Gewalt schützen. Vorbeugen, erkennen, eingreifen. Stuttgart.

Wöbken-Ekert, G. (1998): »Vor der Pause habe ich richtig Angst«. Gewaltund Mobbing unter Jugendlichen. Was man dagegen tun kann. Frankfurt a. M.

Zimmer, R. (2002): Bewegung und Entspannung. Anregungen für die praktische Arbeit mit Kindern. Freiburg.

Für Ärzte, Therapeuten, Sterbebegleiter usw.

Becker, C. (2012): Un(an)fassbar. Sexueller Missbrauch – über Prävention, Begleitung und Umgang mit Betroffenen. Kassel.

Fiedler, P. (2008): Dissoziative Störungen und Konversion. Trauma und Traumabehandlung. Weinheim, Basel.

Helfer, M. E.; Kempe, R. S.; Krugman, R. D. (Hg.) (2002): Das misshandelte Kind. Körperliche und psychische Gewalt. Sexueller Missbrauch. Gedeihstörungen. Münchhausen-by-proxy-Syndrom. Vernachlässigung. Frankfurt a. M.

Hermann, J. (2003): Die Narben der Gewalt. Traumatische Erfahrungen verstehen und überwinden. Paderborn.

Huber, M. (2006): Trauma und Traumabehandlung. Wege der Traumabehandlung. Teil 2. Paderborn.

Huber, M. (2009): Trauma und die Folgen. Trauma und Traumabehandlung. Teil 1. Paderborn.

Jerneizig, R.; Langenmayr, A.; Schubert, U. (1994): Leitfaden zur Trauertherapie und Trauerberatung. Göttingen.

Kolk, B. van der; McFarlane, A.; Weisaeth; L. (2003): Traumatic Stress. Grundlagen und Behandlungsansätze. Paderborn.

Krenz, A. (2012): Kinderseelen verstehen. Verhaltensauffälligkeiten und ihre Hintergründe. München.

Maercker, A. (2009): Therapie der posttraumatischen Belastungsstörung. Heidelberg/Berlin.

Menne, K.; Schilling, H.; Weber, M. (Hg.) (1997): Kinder im Scheidungskonflikt. Beratung von Kindern und Eltern bei Trennung und Scheidung. Weinheim.

Perry, B. D.; Szalavitz, M. (2010): Der Junge, der wie ein Hund gehalten wurde. Was traumatisierte Kinder uns über Leid, Liebe und Heilung lehren können. München.

Sachsse, U.; Özkan, I.; Streeck-Fischer, A. (2002): Traumatherapie – Was ist erfolgreich? Göttingen.

Specht-Tomann, M.; Topper, D. (2012): Zeit zu trauern. Kinder und Erwachsene verstehen und begleiten. Düsseldorf.

Steinhage, R. (1989): Sexueller Missbrauch an Mädchen. Ein Handbuch für die Beratung und Therapie. Reinbek.

Volkan, V. D.; Zintl, E. (2000): Wege der Trauer. Leben mit Tod und Verlust. Gießen.

Weinberg, D. (2010): Psychotherapie mit komplex traumatisierten Kindern: Behandlung von Bindungs- und Gewalttraumata der frühen Kindheit. Stuttgart.

Für Internetsurfer: http://www ...

- aktiv-fuer-kinder.de (Eltern eine Stimme geben)
- bke.de (Bundeskonferenz für Erziehungsberatung e.V.)
- deutscher-kinderhospizverein.de (für Eltern von schwerkranken Kindern)
- dgfpi.de (Deutsche Gesellschaft für Prävention und Intervention bei Kindesmisshandlung und -vernachlässigung e. V.)
- dggkv.de (Deutsche Gesellschaft gegen Kindesmisshandlung und Vernachlässigung)
- dji.de/ikk: Deutsches Jugendinstitut, Informationszentrum Kindesmisshandlung
- dksb.de: Deutscher Kinderschutzbund
- drk.de (Deutsches Rotes Kreuz)
- dvr.de (Deutscher Verkehrsrat zum Thema Kind und Verkehr)
- elternimnetz.de: Elternratgeber des Bayerischen Landesjugendamtes
- eun.org/portal/index-de.cfm (European Schoolnet, auch auf Deutsch z. B. zum Thema Trauma)
- gaimh.de: Gesellschaft für seelische Gesundheit in der frühen Kindheit e.V.
- hilfsorganisationen.de (z. B. zum Stichwort Kind oder Gesundheit)
- jugendschutz.de
- kid.de: Community für Eltern
- kindernetzwerk.de (für chronisch kranke und behinderte Kinder)
- krebs-kompass.de (für Familien mit Krebserkrankungen)
- leben-ohne-dich.de (für Familien, die ein Kind verloren haben, mit geschütztem Bereich zum Chat)
- liga-kind.de: Die deutsche Liga für das Kind
- loewenkind.de: Für Kinder mit Krankheiten und Behinderungen
- nakos.de: Unterstützung von Selbsthilfegruppen
- patienten-information.de: Service der Bundesärztekammer
- paulinchen.de: Initiative für brandverletzte Kinder e.V.
- schulpsychologie.de (schulpsychologische Dienste der Bundesländer)
- tabea-ev.de: Beratungsstelle, Kinderhospitzdienst
- u25-freiburg.de: Beratung für suizidgefährdete Menschen unter 25
- veid.de: Hier kann man Gedenkseiten für tote Kinder ins Web stellen
- wildwasser.de: gegen sexuelle Gewalt
- zartbitter.de: gegen sexuelle Gewalt

Wenn Sie weiterlesen möchten…

Irit Wyrobnik (Hg.)
Wie man ein Kind stärken kann
Ein Handbuch für Kita und Familie

Wie können wir Kinder in wichtigen Übergangssituationen stärken, z. B. beim Übergang von der Familie in den Kindergarten? Wie werden wir unterschiedlichen Kindern gerecht, z.B. Mädchen, Jungen, Kindern mit Migrationshintergrund? Welche Medien, Formen und Bildungsgelegenheiten können hierbei besonders hilfreich sein? Wie kann man etwa Kinder unterstützen, die ein Familienmitglied verloren haben oder in Trennungs- / Scheidungsfamilien aufwachsen? Kann man Kinder vor Drogen und sexuellem Missbrauch schützen?

Viele Fragen – viele wissenschaftlich und elementarpädagogisch fundierte Antworten für Kita und Familien!

Christina Krause / Rüdiger-Felix Lorenz
Was Kindern Halt gibt
Salutogenese in der Erziehung

Was brauchen Kinder, um die Risiken des Alltags und die Anforderungen des Lebens bewältigen zu können? Was fördert die seelische Gesundheit von Kindern in ihrer Entwicklung? Antwort darauf gibt das Salutogenese-Konzept mit seinem zentralen Baustein des Kohärenzgefühls, unterstützt vom Selbstwert- und Zugehörigkeitsgefühl. Christina Krause und Rüdiger-Felix Lorenz erklären in eingängiger Weise Eltern und anderen Profis im Erziehungsbereich, wie sie das Vertrauen der Kinder in die eigenen Fähigkeiten und eine aktive Lebensgestaltung fördern können.

Trauerbegleitung bei Kindern und Jugendlichen

V&R

Leidfaden
Fachmagazin für Krisen, Leid, Trauer

Heft 4/2012:
Kinder und Jugendliche – ein Trauerspiel
2012. 101 Seiten mit zahlreichen farbigen Abb., kartoniert
ISBN 978-3-525-80600-5

Auch als E-Journal erhältlich:
ISBN 978-3-647-80600-6

Dieses Heft richtet sich an diejenigen, die sich mit der Trauer von Kindern und Jugendlichen in professionellem Kontext beschäftigen.

**»Leidfaden« gibt's auch im Abo:
Mehr Info unter
www.v-r.de/Leidfaden**

Stephanie Witt-Loers
Sterben, Tod und Trauer in der Schule
Eine Orientierungshilfe mit Kopiervorlagen
2009. 96 Seiten mit 8 Abb., kartoniert
ISBN 978-3-525-58009-7
E-Book: ISBN 978-3-647-58009-8

Lehrer werden zu Trauerbegleitern, wenn akute Krankheits- und Sterbefälle den Schulalltag überschatten. Ihnen bietet das Buch Information und Orientierung.

Stephanie Witt-Loers
Trauernde Jugendliche in der Schule
2012. 136 Seiten, kartoniert
ISBN 978-3-525-77008-5
E-Book: ISBN 978-3-647-77008-6

Tritt der Krisenfall ein, sind Menschen oft überfordert und handlungsunfähig. Damit dies nicht so bleibt, zeigt der Band Möglichkeiten auf, wie man sich gegenüber trauernden Jugendlichen in der Schule verhalten kann.

Vandenhoeck & Ruprecht

Angststörungen bei Kindern begegnen

V&R

Haim Omer / Eli Lebowitz
Ängstliche Kinder unterstützen
Die elterliche Ankerfunktion

Mit einem Vorwort von Arist von Schlippe. Aus dem Hebräischen von Miriam Fritz Ami-Ad.

2012. 207 Seiten mit 3 Tab., kartoniert
ISBN 978-3-525-40218-4

Auch als E-Book erhältlich:
ISBN 978-3-647-40218-5

Wenn Kinder eine Angststörung entwickeln, ist nachhaltige Hilfe nur im familiären Kontext erfolgversprechend. Wie das konkret aussieht, zeigt dieses Buch gut verständlich und eindrücklich.

Angststörungen bei Kindern können das familiäre Leben massiv beeinträchtigen. Haim Omers Konzept der »neuen Autorität« bietet unter der Maßgabe »unterstützen statt beschützen« einen äußerst hilfreichen Zugang bei der Bewältigung. Mit dem zentralen Bild der Ankerfunktion erläutern die Autoren, dass neben Schutz und Sicherheit durch elterliche Präsenz auch fördernde Unterstützung unabdingbar ist. Die Vielzahl instruktiver Fallbeispiele – vom Kleinkind bis zum Erwachsenen, der weiterhin bei den Eltern lebt, von Trennungsängsten bis Zwangsstörungen – sind eine Fundgrube für den Praktiker.

Vandenhoeck & Ruprecht